CRÉER UNE VALEUR AJOUTÉE POUR LES CLIENTS.

CRÉER UNE VALEUR AJOUTÉE POUR LES CLIENTS

Par : D.K. Hawkins
Version 1.1 ~Novembre 2022
Publié par D.K. Hawkins sur KDP
Copyright ©2022 par D.K. Hawkins. Tous droits réservés.

Aucune partie de cette publication ne peut être reproduite, distribuée ou transmise sous quelque forme ou par quelque moyen que ce soit, y compris la photocopie, l'enregistrement ou d'autres méthodes électroniques ou mécaniques, ou par tout système de stockage ou de récupération de l'information, sans l'autorisation écrite préalable des éditeurs, sauf dans le cas de très brèves citations incorporées dans des critiques et certaines autres utilisations non commerciales autorisées par la loi sur le droit d'auteur.

Tous droits réservés, y compris le droit de reproduction totale ou partielle sous quelque forme que ce soit.

Toutes les informations contenues dans ce livre ont été soigneusement recherchées et vérifiées quant à leur exactitude factuelle. Toutefois, l'auteur et l'éditeur ne garantissent pas, de manière expresse ou implicite, que les informations contenues dans ce livre conviennent à chaque individu, situation ou objectif et n'assument aucune responsabilité en cas d'erreurs ou d'omissions.

Le lecteur assume le risque et la pleine responsabilité de toutes ses actions. L'auteur ne sera pas tenu responsable des pertes ou des dommages, qu'ils soient consécutifs, accidentels, spéciaux ou autres, qui pourraient résulter des informations présentées dans ce livre.

Toutes les images sont libres d'utilisation ou achetées sur des sites de photos de stock ou libres de droits pour une utilisation commerciale. Pour ce livre, je me suis appuyé sur mes propres observations ainsi que sur de nombreuses sources différentes, et j'ai fait de mon mieux pour vérifier les faits et attribuer le mérite à qui de droit. Dans le cas où du matériel serait utilisé sans autorisation, veuillez me contacter afin que l'oubli soit corrigé.

Les informations fournies dans ce livre le sont à titre informatif uniquement et ne sont pas destinées à être une source de conseils ou d'analyse de crédit en ce qui concerne le matériel présenté. Les informations et/ou documents contenus dans ce livre ne constituent pas des conseils juridiques ou financiers et ne doivent jamais être utilisés sans avoir consulté au préalable un professionnel de la finance afin de déterminer ce qui convient le mieux à vos besoins individuels.

L'éditeur et l'auteur ne donnent aucune garantie ou autre promesse quant aux résultats qui peuvent être obtenus en utilisant le contenu de ce livre. Vous ne devez jamais prendre de décision d'investissement sans consulter au préalable votre propre conseiller financier et sans effectuer vos propres recherches et diligences. Dans toute la mesure permise par la loi, l'éditeur et l'auteur déclinent toute responsabilité dans le cas où les informations, commentaires, analyses, opinions, conseils et/ou recommandations contenus dans ce livre s'avéreraient inexacts, incomplets ou peu fiables ou entraîneraient des pertes d'investissement ou autres.

Le contenu de ce livre n'est pas destiné à et ne constitue pas un conseil juridique ou un conseil en investissement, et aucune relation avocat-client n'est établie. L'éditeur et l'auteur fournissent ce livre et son contenu sur une base "telle quelle". Vous utilisez les informations contenues dans ce livre à vos propres risques.

TABLE DES MATIÈRES.

TABLE DES MATIÈRES..4

INTRODUCTION..6

CHAPITRE 1: COMPRENDRE LA VALEUR. 10

CHAPITRE 2: CRÉER DE LA VALEUR POUR VOTRE CLIENT. 28

CHAPITRE 3: IMPORTANCE DE LA CRÉATION DE VALEUR..........34

CHAPITRE 4: STRUCTURE DE CRÉATION DE VALEUR. 42

CHAPITRE 5: ÉVALUATION DE LA CRÉATION DE VALEUR...........51

CHAPITRE 6: LA VALEUR DE VENTE ET SON INCIDENCE SUR VOTRE PRODUIT..64

CHAPITRE 7: CRÉER DES OFFRES IRRÉSISTIBLES DONT L'ACTION IMMÉDIATE EST UNE VALEUR AJOUTÉE. 69

CHAPITRE 8: COMMENT SUIVRE LA VALEUR DU CLIENT DANS LE TEMPS. 75

CHAPITRE 9: DES PROPOSITIONS DE VENTE UNIQUES POUR VOTRE ENTREPRISE EN PÉRIODE DIFFICILE............................85

CHAPITRE 10: COMMENT AMÉLIORER LA PERCEPTION DE VOTRE VALEUR PAR VOS CLIENTS...95

CHAPITRE 11: PROMOUVOIR LE "PRIX BAS" MAIS LA "VALEUR" EST ESSENTIELLE AU SUCCÈS. 102

CHAPITRE 12: COMMENT UN SITE WEB PEUT AUGMENTER LA VALEUR D'UNE ENTREPRISE...109

CHAPITRE 13: STRATÉGIE ET ORIENTATION CLIENT. 114

CHAPITRE 14: COMMENT AMÉLIORER L'EXPÉRIENCE DE VOS CLIENTS. 122

CHAPITRE 15: CONSEILS POUR APPORTER UNE VALEUR AJOUTÉE À VOS CLIENTS. 128

CONCLUSION. 134

INTRODUCTION.

Les clients sont quelque chose que vous ne devez jamais perdre lorsque vous faites des affaires. Sans eux, il n'y aurait pas d'entreprise. Vous devez faire tout votre possible pour établir et maintenir une relation agréable avec eux.

On peut faire beaucoup de choses pour y parvenir, mais on ne peut pas faire grand-chose pour obtenir le même résultat. Parmi toutes ces questions, la plus importante est celle de la plus-value.

L'une des pires erreurs que commettent 99 % des entreprises est de laisser aller et venir les prospects et les clients sans tenir compte de la valeur qu'ils représentent pour la sécurité future de l'entreprise. Avant de pouvoir obtenir cette réponse, vous devez déterminer la valeur de votre client.

Chaque client achètera. Combien de fois dans l'année ? Combien de temps ? Si vous ne calculez pas ces chiffres, vous n'avez pas d'entreprise car il vous manque un actif important. Votre entreprise manque de valeur. Elle peut avoir un flux de trésorerie, et vous pouvez avoir un peu d'argent, mais c'est avant tout un investissement à court terme.

Vous devez toujours considérer ce que vous pouvez faire pour vos clients. Si vous possédez une quelconque avarice, elle doit être au service de votre consommateur. Vous désirez combattre l'avarice de vos clients.

Quels avantages et bénéfices pouvez-vous ajouter à votre produit ou service pour le rendre irrésistible?

Prenez du papier et écrivez ces mots : "Je peux offrir à mes clients" et "Je peux offrir à mes clients plus ou moins de quoi ? Je peux offrir à mes clients une amélioration de quoi ? Je peux offrir à mes clients un produit plus fort quoi ? Je peux offrir à mes clients une quantité plus ou moins grande de quoi ?" Tout ce que vous pouvez concevoir de plus pour offrir à vos clients.

Ensuite, comparez vos talents et capacités actuels avec les autres avantages et caractéristiques énumérés et calculez ce qu'il pourrait vous en coûter pour fournir ces services. Indiquez les nouvelles caractéristiques et les nouveaux avantages, le coût supplémentaire et une ventilation des composantes du coût. Par exemple, le coût du produit, de l'expédition, de l'exécution, de la main-d'œuvre, de l'inventaire et du stockage. Tous ces facteurs sont pris en compte lors d'un exercice de cette nature.

Si vous exploitez une entreprise de services, exprimez l'autre coût concernant le temps nécessaire pour fournir la fonction ou l'avantage supplémentaire. Ce temps supplémentaire doit être comparé au temps passé à travailler pour quelqu'un d'autre, huit heures par jour, cinq jours par semaine, par rapport au temps passé à étudier comment produire de l'argent dans votre entreprise.

Vous pouvez travailler plus intelligemment en comprenant comment faire en sorte que votre argent travaille plus pour vous que vous ne le faites en faisant en sorte que votre produit ou service travaille plus pour vous que vous ne le faites. Vous pouvez accomplir beaucoup plus avec moins d'efforts.

Si vous traitez tout le monde comme un VIP, ils construiront votre entreprise pour vous. Vous consacrerez le temps et le service nécessaires pour entretenir de bonnes relations avec vos clients. De même, vous pourriez passer moins de temps à acquérir de nouveaux clients avec une entreprise de services si vous traitez vos clients actuels différemment.

N'oubliez pas que si le marketing s'adresse au public, vos clients se concentrent sur une seule chose à la fois. Même si vous faites du marketing pour l'ensemble du marché, vous devez traiter vos clients comme des individus uniques.

CHAPITRE 1: COMPRENDRE LA VALEUR.

Qu'est-ce que la valeur?

Le profit est la différence entre vos coûts et le prix que vous recevez sur le marché pour n'importe quel produit. La rentabilité dépend de la valeur. Comprendre la valeur peut fournir une mine d'informations sur la manière d'augmenter les bénéfices dans toute entreprise. Une méthode utile pour y parvenir est la suivante:

Prix - Coût = Profit.

Cela implique que les bénéfices importants sont toujours le résultat d'une compréhension approfondie des dépenses et des prix, bien que cela puisse être considérablement plus difficile qu'il n'y paraît.

Le profit peut être perçu différemment, mais il est essentiel de comprendre le rôle du profit dans la société capitaliste pour saisir pleinement le concept. Dans un marché libre, l'objectif du profit est d'attirer les personnes et les capitaux vers des activités qui profitent aux autres. Cela signifie que la plupart des organisations qui se préoccupent de rentabilité sont très probablement confrontées à l'un des problèmes suivants:

1) Calcul des coûts.

2) Obtenir des clients.

3) Contrôler les coûts.

4) Produire de la valeur.

De nombreux chefs d'entreprise font une fixation sur le concept de contrôle des coûts, qui reçoit beaucoup plus d'attention qu'il ne le mérite. Dans la plupart des secteurs, le coût n'est pas la considération la plus essentielle dans le choix d'achat du client, malgré son importance. Les gens ont tendance à se concentrer sur la réduction des coûts car c'est simple. C'est la mauvaise approche si vous voulez générer d'énormes richesses.

La clé des profits astronomiques.

Comme vous l'avez deviné à la lecture de la phrase précédente, les profits démentiels ne sont que le résultat de la fourniture d'une immense valeur à un groupe de consommateurs fortunés. En outre, ce dernier point concernant les dépenses est essentiel.

Je connais des personnes qui ont construit des plans d'affaires ambitieux pour des clients ayant peu ou pas de revenu disponible, et qui ont échoué par manque de fonds. Rappelez-vous ce que Willie Sutton a dit lorsqu'on lui a demandé pourquoi les braqueurs de banque commettent des crimes:

Puisque c'est là que se trouve l'argent.

La création de valeur peut être simple ou difficile. De nombreuses personnes sont capables de créer de la valeur de manière simple. Cependant, très peu d'entre eux s'engageront dans une création de valeur difficile ou complexe. Vous gagnerez plus d'argent si vous savez comment facturer les tâches difficiles. Ceci est important car vous devez comprendre les implications de la concurrence. Considérez les points suivants:

Quelle est la valeur d'un verre d'eau?

Un verre d'eau n'a pas beaucoup de valeur pour vous si vous êtes maintenant assis à la maison ou sur votre lieu de travail. Peut-être une pièce de 5 cents à l'extérieur. Pourquoi ? Parce que vous pouvez facilement vous diriger vers un robinet et remplir un verre d'eau pour moins d'un nickel sans passer beaucoup de temps ou avoir une compréhension approfondie de l'eau.

Si je me tenais à côté de vous avec l'unique verre d'eau à 160 km à la ronde, vous estimeriez cette boisson beaucoup plus. Considérez, d'autre part, la valeur de cette eau si vous étiez impliqué dans un accident d'avion dans le désert. L'alternative n'existerait pas, mais la demande en eau existerait certainement. Cela nous amène à un concept essentiel concernant la valeur:

Vos alternatives accessibles définissent la valeur.

En d'autres termes, s'il existe une alternative facilement accessible à un produit ou à un service, la plupart des acheteurs lui accorderont la même valeur. C'est l'une des raisons pour lesquelles les banques et les compagnies aériennes proposent généralement des taux d'intérêt et des billets assez similaires. Pourquoi payer plus cher pour l'un d'eux s'il n'y a pas de différence perceptible entre les deux options?

C'est là que la concurrence entre en jeu.

Lorsque vous faites quelque chose de simple qui génère de la valeur, un rival peut faire la même chose et peut même le faire pour un centime de moins pour acquérir le consommateur. Presque toujours, la volonté des rivaux de réduire les prix est limitée par leurs coûts. Cela signifie que la plupart de vos concurrents réduiront leurs tarifs au point de perdre de l'argent sur la transaction pour vous voler des clients.

Bien sûr, si vous regardez les choses sous un autre angle, ils sacrifient des bénéfices pour des clients. Pourtant, la plupart des concurrents du secteur agissent de la sorte, pensant que le volume des ventes compensera la perte. Prenez l'exemple d'un stand de limonade pour comprendre la réalité de cette question.

Supposons que vous tenez un stand de limonade et que votre coût par verre de limonade est de 20 cents en raison de l'utilisation de mélange pour limonade, de gobelets et d'autres fournitures. Vous décidez de fixer un prix de 50 cents par verre de votre délicieuse limonade, ce qui donne lieu au scénario de profit suivant :

Prix = 0,50 $ - Coût = 0,20 $.

Profit = 0,30 $.

Pour déterminer le bénéfice total d'une entreprise à ventes multiples, il faut additionner les recettes et les dépenses de chaque transaction. Une méthode utile pour considérer ceci est :

Ventes=Unités X Prix.

L'"unité" pour la limonade est un verre de limonade, donc :

Ventes = Verres de limonade X Prix.

Supposons que 100 clients achètent de la limonade chaque jour dans ce quartier. Oui, le quartier de mon enfance n'a jamais été aussi génial, mais nous faisons semblant, alors soyez indulgent avec moi. Il en résulte le bénéfice global suivant :

Ventes = 50,00 $ - Coût = 20,00 $.

Profit = 30 $.

Supposons qu'un jour, Egbert installe un stand à côté du vôtre. Imaginons que vous couriez tous les deux au magasin du coin pour acheter du mélange pour limonade, qui coûte environ 20 cents par portion et dont les coûts sont identiques. Lorsque vous lancez votre stand de limonade, votre potentiel de profit peut apparaître comme suit:

Prix = 0,50 $ - Coût = 0,20 $.

Profit = 0,30 $.

Egbert est naturellement méchant en tant que rival et ne supporte pas l'idée que vous obteniez de l'argent. Par conséquent, Egbert choisit de vous voler vos clients en réduisant ses prix. Les clients, étant ce qu'ils sont, se tourneront occasionnellement vers une alternative moins chère, mais d'autres ne le feront pas. Supposons qu'Egbert soit satisfait de cette image de profit.

Prix = 0,40 $ - Coût = 0,20 $.

Profit = 0,20 $.

Cela vous fera presque certainement perdre des consommateurs au profit d'Egbert. Qui pourrait les blâmer ? L'acheteur reçoit la même limonade pour 10 cents de moins - quelle affaire ! Maintenant vient la partie difficile : certains clients ne changeront pas de fournisseur et continueront à acheter chez vous.

Pourquoi ? J'ai renoncé à essayer de comprendre, mais c'est tout à fait exact. Si elles ont le choix, certaines personnes paieront toujours plus que le prix le plus bas disponible. Peut-être que vos yeux les attirent, ou qu'ils ne sont pas disposés à faire les cinq pas supplémentaires pour atteindre le stand d'Egbert.

Pourquoi se donner cette peine ? Vous conservez ces clients malgré un prix plus élevé. Cela semble bien, non ? C'est le cas. Toutes choses étant égales par ailleurs, la plupart des clients achèteront chez Egbert, disons 80 d'entre eux. Vous conservez 20 clients grâce à votre charisme, à vos plaisanteries amusantes et à votre bon emplacement. Il en résulte le bénéfice global suivant:

Ventes = 10,00 $ - Coût = 4,00 $.

Profit = 6 $.

Alors que le tableau général des bénéfices d'Egbert semble être le suivant:

Ventes=32.00$ -Coût=16.00$.

Profit = 16,00.

Egbert gagne plus d'argent que vous. Comme le mal ne triomphe jamais, vous désirez récupérer certains de ces clients. Vous avez réduit votre prix à 0,40 $ pour vous aligner sur celui d'Egbert. Que se passe-t-il ? Vous et Egbert allez probablement partager le marché de façon égale, avec 50 clients chacun. Cela vous laisse tous les deux avec l'image de profit suivante:

Ventes = 20,00 $ - Coût = 10,00 $.

Bénéfice = 10 $.

Considérez ce qui s'est passé ici. Lorsque vous avez commencé à vendre de la limonade, vous gagniez 30 $ par jour. Egbert est arrivé et a réduit vos profits quotidiens à 6 $, ce qui lui a permis de gagner 16 $ par jour, et comme vous vous êtes aligné sur son prix, vous avez fini par gagner 10 $ par jour.

Dans cet exemple, le bénéfice total réalisé par TOUS les vendeurs de limonade de votre quartier est passé de 30 $ (lorsque vous étiez le seul à vendre) à 22 $ (après l'arrivée d'Egbert sur le marché et la baisse de son prix), puis à 20 $ (lorsque vous avez tous deux fixé le même prix et réalisé le même bénéfice). La limonade et les consommateurs sont restés les mêmes, alors qu'est-ce qui a consommé le bénéfice?

Le profit est érodé par la concurrence.

A. Développer la valeur.

La création de valeur est l'un des aspects les plus importants de la rentabilité. Si vous vous rendez dans une épicerie et achetez un article (comme une boîte de friandises pour chiens), vous ne pourrez pas vous tenir à l'extérieur du magasin et revendre l'article à un prix plus élevé.

En effet, la boîte de friandises pour chiens vendue à l'extérieur du commerce n'a pas beaucoup plus ou moins de valeur que la même boîte proposée à l'intérieur. Vous faites concurrence au magasin en vendant des articles identiques dans une zone voisine. Mais plus fondamentalement, vous n'avez créé aucune valeur.

Votre boîte de friandises pour chiens a la même valeur pour le client que celle du magasin. La plupart des clients ne paieront plus pour vos friandises qu'ils ne le feraient dans un magasin que si vous leur apportez une autre valeur. Voici quelques éléments qui pourraient améliorer la valeur de vos friandises pour chiens :

Vous les sortez de l'emballage et les donnez au chien.

Vous les améliorez en y ajoutant du sucre.

Vous les placez dans une boîte plus esthétique.

Les clients sont heureux d'acheter chez vous.

Vous embrassez l'acheteur pour avoir acheté chez vous.

Vous êtes performant en vendant des friandises pour chiens.

Avec un peu de chance, vous avez saisi le concept. Vous pouvez ajouter de la valeur en améliorant le produit, en changeant l'emballage ou en faisant tout ce qui peut améliorer l'expérience d'achat globale du client - peut-être pas beaucoup de valeur, peut-être seulement un centime ou deux pour chaque friandise. Cependant, si vous vendez suffisamment de friandises, cela peut s'additionner, et vous aurez sans doute une plus grande capacité à tirer profit de vos produits que vos concurrents.

B. Atteindre l'unicité.

La situation de concurrence avec Egbert dont nous avons parlé n'est pas si rare. À moins que vous ne fassiez quelque chose que les concurrents ne peuvent pas reproduire, vous aurez de la concurrence, même si elle n'est pas particulièrement forte.

Comment faire en sorte que l'image de vos bénéfices apparaisse comme si vous n'aviez pas de concurrents ?

L'idée est de découvrir une méthode pour se démarquer. Idéalement, vous voulez trouver une singularité que certains de vos clients trouvent importante. Toutefois, même l'étrangeté et la bizarrerie les plus simples peuvent compter - il suffit de voir le succès de Ben & Jerry's et du Rainforest Café.

Dans un monde de vanille, le chocolat se vendra au prix fort. N'oubliez pas, cependant, que si votre caractère unique est un succès et génère une entreprise rentable, vos concurrents tenteront probablement de l'imiter tôt ou tard.

L'unicité procure un avantage concurrentiel, qui peut être maintenu en rendant extrêmement difficile pour les concurrents de vous imiter. Il existe de nombreuses façons d'y parvenir. Les concurrents ne parviendront pas à vous imiter si l'une des situations suivantes se produit:

1. Ils ne peuvent pas copier votre originalité.

2. Ils choisissent de ne pas copier votre singularité.

3. Ils ne peuvent pas copier votre caractère distinctif.

4. L'adversaire vous réplique de manière inefficace parce qu'il manque de concentration.

Examinons comment conserver l'originalité à la lumière de ces quatre éléments.

Les concurrents reproduiront les qualités distinctives qui sont extrêmement difficiles à reproduire ou qui nécessitent des talents difficiles à acquérir. Pour utiliser cet élément, choisissez des distinctions qui nécessitent une expertise que vous possédez mais que vos concurrents n'ont pas.

Il est extrêmement difficile de persuader un concurrent de faire quoi que ce soit. Pour empêcher les concurrents de copier votre différenciation, vous pouvez souhaiter en choisir une qui soit superficiellement peu attrayante. Par exemple, tout différenciateur qui augmente les prix ou qui contredit la pensée traditionnelle concernant la façon dont les gens gagnent de l'argent dans votre secteur peut être jugé "peu pratique" par vos concurrents.

J'ai travaillé avec des entreprises qui ont gagné des millions en se concentrant sur les clients les moins désirables de leur secteur, simplement parce que leurs concurrents n'avaient pas pris le temps de déterminer pourquoi personne ne voulait de ces clients.

Il existe peu de moyens d'interdire à un concurrent de vous copier ; la plupart nécessitent une aide juridique et/ou gouvernementale. La protection par brevet en est une excellente illustration, car c'est un moyen pratique de préserver l'originalité.

Malheureusement, la plupart de ces stratégies ont une durée de vie limitée. Par conséquent, vous devriez accroître votre caractère distinctif d'une autre manière pendant que vous êtes sous la protection du gouvernement. Si vous ne le faites pas, vous découvrirez que la dépendance à la protection juridique peut être une dépendance paralysante, et qu'il est souvent fatal d'arrêter brutalement.

L'avantage de concentration est sans aucun doute l'un des instruments les plus simples et les plus faciles à mettre à la disposition des petites entreprises. Il est particulièrement important lorsqu'il s'agit de concurrencer des entreprises beaucoup plus grandes.

Si vous vous concentrez sur un marché de niche nettement plus étroit que celui de vos concurrents plus importants, vous deviendrez probablement le fournisseur privilégié de cette niche. En concentrant vos efforts sur la satisfaction des besoins d'un type spécifique de consommateur, vous devriez être en mesure de générer des bénéfices nettement plus importants.

De nombreuses petites entreprises rejettent cette stratégie car elles pensent qu'elle limite leur potentiel de croissance. Or, le contraire est généralement vrai. Dans le secteur de l'assurance, par exemple, nous avons observé des entreprises qui ont obtenu une rentabilité et une croissance extraordinaires en ciblant un marché qui représente moins de 5 % du marché ciblé par leurs concurrents.

Trop de personnes considèrent le profit comme un concept basique, noir et blanc, qui ne peut être abordé que par des moyens prévisibles et reproductibles, tels que la réduction des coûts. Comprendre comment l'unicité mène au profit est une stratégie fantastique pour différencier votre entreprise et atteindre une rentabilité supérieure à la moyenne. Vous pouvez différencier votre entreprise et la positionner correctement pour obtenir un avantage concurrentiel à long terme sur le marché avec un peu d'effort.

CHAPITRE 2: CRÉER DE LA VALEUR POUR VOTRE CLIENT.

Du point de vue d'un prestataire de services, l'acquisition d'un nouveau client est importante sur le marché mondial. Le cycle d'acquisition d'un client est généralement long, non seulement en raison des implications contractuelles et juridiques, mais aussi parce que les clients fondent souvent leurs décisions d'attribution de travail sur "la valeur que l'organisation gagnera" en intégrant le fournisseur de services (ou le vendeur) à l'organisation.

Travailler avec des clients nouvellement acquis ou des clients existants s'avère extrêmement difficile pour la communauté des fournisseurs de services dans l'environnement commercial actuel, en raison du ralentissement économique, de la baisse des activités, de la concurrence acharnée, de l'impact sur les prix et de l'augmentation des coûts d'exploitation et de maintenance, etc. Par conséquent, ils sont contraints de rechercher des services améliorés à un prix inférieur.

D'autre part, une fois l'entreprise acquise, le prestataire de services a tendance à se reposer sur ses lauriers en pensant que le client restera et que l'entreprise peut être gérée comme elle vient. Les relations entre le client et le prestataire de services peuvent devenir tendues si l'accent n'est pas mis sur l'établissement de relations positives. Cela peut conduire au développement de fissures.

Les clients d'aujourd'hui considèrent les fournisseurs de services comme des partenaires commerciaux et sont prêts à partager leur écosystème commercial pour aider le fournisseur de services à comprendre comment ils mènent leurs affaires. Il doit s'agir d'un mariage commercial et d'un renforcement des compétences essentielles de chacun, plutôt que d'un partenariat ponctuel.

Les clients sont de plus en plus intéressés par le développement de relations à long terme avec leurs fournisseurs de services et par l'établissement d'une plate-forme commune pour l'échange d'exigences commerciales en vue d'un objectif partagé.

Le prestataire de services moderne doit se concentrer sur l'amélioration de l'expérience commerciale du client pour son organisation, ses clients et ses concurrents. Quel type de proposition et de mise en œuvre de service, de produit ou d'outil peut donner au client un avantage concurrentiel sur ses rivaux ?

Du point de vue du client, son état d'esprit consiste à savoir comment il peut augmenter radicalement son résultat net ou son résultat supérieur et comment il peut accroître sa clientèle et ses objectifs de revenus, ou comment il peut minimiser les problèmes opérationnels, techniques ou liés aux services qui ont un impact sur l'entreprise ou comment il peut réduire les coûts d'exploitation et de maintenance de ses services informatiques.

La plupart des organisations internationales gérées professionnellement qui s'engagent dans la gestion des fournisseurs et externalisent leurs produits ou services, ou les deux, ont des plans d'affaires à court, moyen et long terme pour tirer des avantages commerciaux significatifs des fournisseurs de services et les mesurer dans le cadre d'un BLA, SLA ou OLA.

Ces accords sont généralement bien conçus au début d'une relation contractuelle et régulièrement revus avec le fournisseur de services.

Les services des prestataires de services (vendeurs) ne sont plus justifiés par la somme d'argent qui leur est versée à l'heure et par leur capacité à démontrer, selon les termes contractuels, ce qui a été accompli pour recevoir le paiement. En termes d'annonces de valeur, les clients s'attendent à beaucoup plus de crème qu'un simple dollar offert en cadeau.

Les clients s'attendent à ce que les prestataires de services aient de multiples effets positifs sur leurs activités. Il est donc impératif que les prestataires de services s'y préparent et démontrent en permanence la valeur qu'ils créent pour leurs clients.

Il est devenu essentiel pour les prestataires de services d'élaborer des propositions à valeur ajoutée pour la croissance de l'activité du client et de planifier la démonstration des capacités du client afin de démontrer une plus grande confiance.

Pour un prestataire de services, l'expérience avec un client nouvellement acquis doit être analogue à un événement sportif dans lequel les premières minutes sont essentielles. Si vous faites preuve d'un jeu professionnel, d'une attitude gagnante et de confiance dans l'obtention de résultats, vos chances de gagner un nouveau client sont très bonnes. Par ailleurs, même si vous êtes un joueur expérimenté, vous devez gagner chaque match pour établir votre crédibilité.

Les prestataires de services d'aujourd'hui doivent adhérer à la maxime "Gagner le client tous les jours". Chaque petite action entreprise par le prestataire de services doit aboutir au résultat souhaité par le client. Cela nécessite d'interagir avec le client dans une perspective centrée sur l'entreprise et de gérer l'expérience client avec une plus grande rigueur.

Quelques enquêtes menées par les fournisseurs de services peuvent indiquer une proportion plus élevée de stratégies centrées sur le client, mais la réalité est que seule une fraction des clients sera d'accord.

Point fort de la session : En tant que fournisseur de services dans un environnement commercial en pleine évolution, il est essentiel de s'adapter à l'environnement commercial de votre client et de vous aligner rapidement pour démontrer que les objectifs changeants du client sont les vôtres à l'avenir.

Par exemple, si le client souhaite une réduction de 10 % des coûts globaux, quelle sera la proposition de votre fournisseur de services pour optimiser et consolider les services ? Vous devez donner à votre client le sentiment que vous faites partie intégrante de sa mission.

CHAPITRE 3 : IMPORTANCE DE LA CRÉATION DE VALEUR.

Dans la terminologie de l'ingénierie, le concept de "machine à mouvement perpétuel" consiste à produire plus d'extrants que d'intrants ; de même, le monde des affaires s'attend à une plus grande production par dollar dépensé.

1. Les organisations clientes ressentent le besoin de créer de la valeur au niveau mondial pour différentes raisons.

2. Les clients recherchent des éléments de différenciation qui peuvent avoir un impact positif sur leurs résultats commerciaux.

3. Dans le cadre de leur philosophie commerciale, les entreprises ont tendance à obtenir plus avec moins de dépenses. 4.

4. La pression du marché, la concurrence féroce, la complexité des affaires et les trajectoires de croissance exercent une pression intense sur elles pour faire plus avec moins.

5. Pour assurer leur survie, les responsables des organisations clientes doivent impressionner leur direction en acquérant ces autres avantages auprès de leurs prestataires de services.

6. Il est possible de comparer et de sélectionner les fournisseurs de services en fonction de la valeur ajoutée qu'ils apportent à l'entreprise.

7. Le client attend du prestataire de services qu'il soit un partenaire de croissance.

Quel est le processus de création de valeur?

Par intention, la définition de la création de valeur pourrait être différente pour chaque client en fonction de ses objectifs commerciaux et de ses points sensibles ; toutefois, de manière simplifiée, il pourrait s'agir de l'acte d'un fournisseur de services qui satisfait un client (pendant la création, la mise en œuvre ou la gestion d'un service ou d'un produit) en fournissant des retours supérieurs aux investissements du client ou au coût des services.

En tant qu'exigence contractuelle, elle est parfois qualifiée de gratuité car elle est fournie gratuitement avec le service ou le produit rendu.

Différencier la création de valeur des services payants:

Il existe une confusion perpétuelle chez de nombreux professionnels concernant la distinction entre la création de valeur et les services payants.

Par exemple, une organisation cliente peut ne pas être surprise si vous fournissez des services ou des produits conformément aux conditions de paiement contractuelles ; cependant, la valeur créée pour ce même client peut dépasser la valeur monétaire payée et être exprimée en termes d'avantages tangibles ou intangibles tels que le retour sur investissement, l'amélioration de la satisfaction du client dans l'organisation cliente, la réduction du nombre global de questions ou de problèmes commerciaux ou l'augmentation de la clientèle.

Les détails de la création de valeur ne sont pas quantifiés en termes contractuels dans le cahier des charges ou le bon de commande, mais constituent des attentes de facto et souvent non écrites du client. Dans certains cas, le prestataire de services doit les découvrir et les porter à l'attention des parties prenantes du client pour gagner leur confiance.

La création de valeur a un impact durable sur le climat commercial général de l'organisation du client.

La stratégie pour créer de la valeur :

Pourquoi employer la stratégie?

En raison de l'explosion de la demande de services informatiques, les fournisseurs de services ont récemment commencé à affirmer, dans leurs principes fondamentaux de travail en direction du client, qu'ils croient en l'élaboration d'une stratégie commerciale pour offrir une plus grande valeur. Ces stratégies peuvent améliorer la confiance du client en s'alignant sur ses objectifs commerciaux ou ses préoccupations et en le rassurant.

En un sens, la création de valeur pour un client est un processus continu qui doit être révisé à mesure que les objectifs ou les préoccupations du client évoluent en fonction de son environnement commercial.

Point fort de la session : La stratégie commerciale qu'un fournisseur de services doit développer pour son client doit créer au moins deux fois la valeur du contrat qu'il reçoit du client.

Différents niveaux de création de valeur:

La création de valeur pour le client se fait de plusieurs façons et nécessite une compréhension globale des parties prenantes, de l'activité, de la technologie et des opérations du client. Les parties prenantes de l'organisation cliente comprennent le personnel, les cadres supérieurs, les utilisateurs finaux, les clients et les autres fournisseurs.

La valeur perçue par chacun d'entre eux peut varier en fonction de leurs problèmes, questions, préoccupations et objectifs commerciaux. Le prestataire de services doit tenir compte de tous ces facteurs lorsqu'il fournit des services à une organisation.

La valeur créée par le prestataire de services varie en saveur et dépend des circonstances. Il s'agit d'un processus continu qui est créé au niveau de l'instance. Pour des raisons de commodité, on peut la classer en deux niveaux.

Niveau stratégique ou commercial : Au niveau de l'entreprise, la création de valeur est l'effet agrégé sur l'environnement de l'entreprise résultant du service ou du produit fourni par le prestataire de services et est quantifiée en termes de nombres, de pourcentages, de facteurs, etc. Le calcul et la détermination de la valeur commerciale sont difficiles et peuvent parfois être trompeurs. Souvent, l'évaluation de la création de valeur est intangible.

De bons exemples de la création de valeur tangible d'un fournisseur de services sont le nombre de nouveaux clients acquis par le client grâce à la performance exceptionnelle du fournisseur de services et le pourcentage ou le montant en dollars de la croissance des revenus.

Les valeurs immatérielles sont difficiles à quantifier ; elles pourraient donc être décrites comme la capacité du prestataire de services à aider le client à mettre en œuvre de manière cohérente la norme réglementaire, à maintenir la conformité, à fournir une facilité d'exploitation ou à trouver des compétences difficiles lorsque l'entreprise en a un besoin urgent.

Au niveau opérationnel, la création de valeur peut être tangible ou intangible, en fonction de l'environnement commercial de l'organisation cliente. La création de valeur au niveau opérationnel peut ou non avoir un impact global sur l'environnement de l'entreprise. Elle a une portée plus locale.

Parmi les exemples de création de valeur tangible par un fournisseur de services, citons les améliorations basées sur les SLA, la haute disponibilité du système, la réduction des temps d'arrêt d'un pourcentage et l'amélioration du temps de réponse d'un pourcentage. Les mesures de la valeur immatérielle comprennent le plus haut niveau de collaboration, un travail d'équipe exceptionnel et la conformité des processus.

La valeur créée pour chaque partie prenante de l'organisation cliente est classée de manière générale au niveau de l'entreprise et de l'exploitation.

CHAPITRE 4: STRUCTURE DE CRÉATION DE VALEUR.

Chaque prestataire de services doit développer un cadre de création de valeur spécifique au client, aligné sur l'environnement commercial du client et pouvant être utilisé en permanence pour générer des instances à valeur ajoutée. Ce cadre donne aux membres de l'équipe du prestataire de services beaucoup de cohérence et une compréhension distincte.

Un tel cadre doit fonctionner comme un moteur de création de valeur et être soutenu par des outils et des processus permettant de prendre en permanence le pouls du client. Le prestataire de services peut avoir besoin d'investir dans ce domaine, compte tenu de l'expansion de son activité et de sa relation client.

Comprendre les propositions de valeur et élaborer une stratégie:

En général, la proposition de création de valeur commence le premier jour de l'engagement du client. Le prestataire de services et son équipe doivent faire un effort concerté pour planifier méthodiquement chaque activité qui augmente la valeur du client. Lorsqu'un client soumet une nouvelle demande de service, le prestataire doit donner la priorité à la fourniture d'une autre valeur plutôt qu'à des services à faible coût.

Souvent, un client n'est pas clair ou ne s'exprime pas clairement sur ce qui peut vraiment faire la différence pour son entreprise ; dans ce cas, le prestataire de services doit valider sa compréhension de la valeur que l'organisation de son client pourrait obtenir en accomplissant des tâches spécifiques. Cela peut se faire par le biais de divers forums de discussion et en examinant l'étendue du travail.

Voici quelques éléments qui peuvent contribuer à l'élaboration d'un plan structuré de création de valeur.

1. Déterminez ce que le client apprécie dans ce produit ;

2. Distinguer les aspects technologiques et commerciaux de l'engagement du client ;

3. Déterminer quelles caractéristiques et quels services sont de la plus haute importance pour le client ;

4. Identifier les principaux défis, questions, contraintes ou problèmes du client ; et

5. S'entretenir avec les parties prenantes telles que les chefs d'équipe technique, les utilisateurs finaux, les clients et les cadres supérieurs pour comprendre les impératifs et les impacts commerciaux.

6. Comprendre l'environnement du client, son marché, ses clients, son emplacement, son industrie et sa culture. Comprendre comment

l'intimité et la collaboration avec le client peuvent être améliorées.

7. Établir une compréhension et une définition communes de la valeur avec le client.

Mettre en œuvre le plan de creation de valeur:

La mise en œuvre du plan de création de valeur au sein de l'organisation du prestataire de services exige concentration et consensus. Chaque ressource engagée dans la prestation de services au client doit avoir une compréhension claire de la valeur qui doit être fournie au client au fil du temps et de la méthode par laquelle cette information peut être communiquée à la direction de l'organisation cliente et de l'organisation prestataire de services.

Le plan de création de valeur doit prendre en compte certaines propositions de valeur ajoutée au niveau de la technologie, du processus, de l'outil ou de l'activité qui peuvent bénéficier au client ; chaque proposition doit être évaluée à la lumière de l'environnement commercial du client.

L'organisation prestataire de services doit croire en une culture ouverte de collaboration avec les clients et oser signaler les ambiguïtés, les points aveugles et les zones problématiques afin de minimiser l'impact négatif sur l'activité du client.

Chaque élément d'une prestation susceptible d'apporter une valeur ajoutée à une partie prenante de l'organisation cliente doit être pris en compte. Parfois, les propositions à valeur ajoutée peuvent avoir des avantages à la fois à court et à long terme.

Lors de la mise en œuvre d'une proposition à valeur ajoutée, l'accent doit être mis sur le maintien de ressources précieuses qui peuvent générer une valeur significative pour l'organisation cliente.

Saisir, qualifier et quantifier les cas de creation de valeur:

Souvent, les équipes d'un organisme prestataire de services effectuent un travail à forte valeur ajoutée pour leur client, mais ne parviennent pas à en assurer la visibilité auprès du client et de la direction de l'organisme prestataire de services, de sorte qu'il passe inaperçu. Cela désavantage l'équipe du prestataire de services car elle perd la chance d'être reconnue.

Un autre inconvénient est que les cadres supérieurs de l'organisation du prestataire de services manquent de perspective et manquent donc l'occasion de démontrer les meilleures pratiques à d'autres clients potentiels. Par conséquent, le cadre de création de valeur et sa diffusion auprès de l'équipe de l'organisme prestataire de services apportent une solution correcte à ce problème.

La création de valeur transforme le statut commercial du client de manière à le rendre plus compétitif et à lui permettre d'atteindre rapidement ses objectifs commerciaux.

La mesure de la création de valeur nécessite la mise en œuvre d'un processus systématique pour garantir que tous les cas de valeur ajoutée sont saisis, quantifiés, représentés et approuvés par le client.

Cela contribue à établir une base plus convaincante pour renforcer et cultiver la relation. En général, les clients ressentent les effets des services à valeur ajoutée qu'ils ont reçus des prestataires de services.

Il est essentiel de qualifier ce qui constitue un service à valeur ajoutée pour un client spécifique, et ceci est accompli par une collaboration étroite et une consultation fréquente avec les représentants de l'organisation du client à tous les niveaux.

Le point central de la qualification d'un service à valeur ajoutée provient de l'environnement commercial du client, et il est essentiel d'identifier les goulots d'étranglement, les obstacles et les problèmes par un dialogue continu, des réunions d'examen et des présentations de la direction.

Une fois que les attributs des éléments de valeur qualifiants ont été déterminés, un processus et/ou des outils peuvent être conçus pour les capturer, les quantifier et les mesurer à la fréquence souhaitée.

Il est également essentiel de vérifier les conditions d'éligibilité avec le client.

Par exemple, si un client est confronté à des problèmes de gestion du changement avec son personnel lors de la mise en œuvre d'un nouveau processus d'entreprise par le biais d'un système informatique et que vous êtes un fournisseur de services de systèmes informatiques, vous pouvez lui proposer un facilitateur de changement qui pourra traiter efficacement ce problème afin d'éviter les échecs de déploiement. Par conséquent, la qualification de ce qui sera réellement utile au client est primordiale.

La quantification a lieu immédiatement après la détermination de la valeur qualifiée du client.

Quantifier un élément de valeur ajoutée depuis son état inexistant ou minimal jusqu'à sa forme tangible après que vous, en tant que prestataire de services, y ayez travaillé, peut démontrer votre réussite. Qu'il s'agisse d'un client ou d'un prestataire de services, la quantification de la valeur ajoutée en termes mesurables fournit toujours un indicateur de référence comparatif au sein de l'organisation et, souvent, parmi les concurrents.

Cette quantification de la valeur s'effectue de nombreuses manières, comme avec des chiffres, des pourcentages, ou sur une échelle de 0 à 5 ou de 0 à 10. Le calcul précis des mesures de la valeur ajoutée, rapidement et à une périodicité logique, fournit une bonne tendance pour aider le prestataire de services à réaliser davantage, tandis que la présentation de cette tendance à intervalles réguliers augmente la confiance du client.

CHAPITRE 5: ÉVALUATION DE LA CRÉATION DE VALEUR.

La mesure de la création de valeur exige une compréhension et une définition claires des mesures, une saisie en temps opportun et une communication convaincante avec le client.

La création de valeur se produit différemment et se poursuit jusqu'à ce que le prestataire de services commence à travailler avec l'organisation cliente. Ces mesures doivent également permettre d'évaluer les performances des outils, des processus et des personnes afin de déterminer s'ils produisent des résultats basés sur la valeur.

Voici quelques mesures typiques qui prouvent que la création de valeur a lieu.

Indice de satisfaction de la clientèle (CDI) : Il s'agit de l'une des mesures que les fournisseurs de services peuvent utiliser pour déterminer le niveau de satisfaction des clients. Cette mesure peut être collectée à intervalles réguliers.

La tendance à la hausse du CDI et son maintien constant au niveau le plus élevé indiquent que le client est satisfait de la qualité de vos services. On peut déterminer quels aspects des services contribuent le plus à la satisfaction du client.

Parmi les exemples de satisfaction du client, on peut citer la fourniture de services en temps voulu tout au long d'une mission ou d'une période, la démonstration d'une performance de niveau de service supérieure à l'accord de niveau de service convenu, et des temps de réponse aux questions nettement plus rapides que le délai convenu.

L'utilisation de techniques et de concepts innovants lors de la prestation de services à un client peut améliorer le débit en réduisant les temps d'arrêt du système.

Par exemple, si vous êtes responsable de la maintenance des systèmes informatiques des clients, qui connaissaient auparavant quatre à six heures de temps d'arrêt par semaine, et que vous avez créé des procédures et des outils de maintenance améliorés de manière innovante pour réduire ce temps d'arrêt à une ou deux heures seulement, vous pouvez prétendre à une prime. C'est un excellent exemple de valeur ajoutée à présenter à votre client.

Après avoir capturé les mesures de valeur ajoutée, il est nécessaire de les représenter dans le forum approprié. Les fournisseurs de services peuvent partager les résultats de leurs efforts pour créer des services à valeur ajoutée avec les organisations clientes lors des revues périodiques de gestion, d'activité et de progrès.

Pour créer un environnement propice et démontrer qu'ils sont alignés sur les objectifs ou les préoccupations de l'organisation cliente, les fournisseurs de services choisissent souvent les périodes de renouvellement ou d'extension des contrats pour discuter des services à valeur ajoutée avec les clients.

Ces services à valeur ajoutée sont partagés avec le client au niveau de l'équipe par le biais d'études de cas ou de meilleures pratiques. L'un des aspects essentiels pour déterminer si nous avons ou non créé de la valeur pour nos clients peut être abordé en obtenant une perspective externe. Vous pouvez obtenir cette perspective en vous adressant à un groupe d'analystes, à un concurrent ou à un organisme de sondage.

Cette démarche est quelque peu compliquée en raison des problèmes de confidentialité et, parfois, de l'ambiguïté des mesures de la valeur ajoutée. Les fournisseurs de services peuvent utiliser le point de vue d'une tierce partie pour comprendre la création de valeur pour les grandes organisations clientes.

L'évaluation du pouls du client et son approbation de la création de valeur pour le travail effectué par le prestataire de services indiquent également si les parties prenantes de l'organisation cliente sont satisfaites ou non et si la relation est gagnante ou non.

Les points forts de la session sont les suivants:

Le cadre de création de valeur est un atout à long terme pour l'organisation cliente qui lui donne confiance et visibilité sur ce que le prestataire de services peut faire pour augmenter sa valeur commerciale.

Outils de création de valeur : Les organismes prestataires de services peuvent avoir créé et mis en œuvre des outils spécifiques pour plusieurs clients, dont certains peuvent être identiques pour des missions similaires. En fonction de l'environnement commercial du client, il peut être nécessaire de développer des outils qui, s'ils sont utilisés efficacement, peuvent apporter des avantages et une valeur plus importants au client.

Il est essentiel d'envisager les outils qui peuvent donner des résultats rapides pour l'organisation cliente. Cela doit être fait avant que le client ne pense qu'il ne reçoit plus de valeur de la part du fournisseur de services.

Voici quelques exemples d'outils recommandés:

De nombreux prestataires de services utilisent invariablement des modèles de retour sur investissement (ROI) pour démontrer la valeur ajoutée des missions au fil du temps. Le choix des paramètres d'entrée et de sortie rend les calculs de ROI difficiles.

1. Composants réutilisables : Il s'agit de l'un des plus grands atouts sur lesquels un prestataire de services peut capitaliser, car les composants réutilisables peuvent avoir un impact positif sur les produits livrables et les résultats de l'organisation du prestataire de services, ce qui réduit les erreurs, fait gagner du temps et donne une longueur d'avance aux engagements des clients.

Si un prestataire de services ne dispose pas déjà de composants réutilisables, il peut les créer pour son client afin que l'organisation cliente puisse les utiliser sans autre forme de procès. Cela devient un atout qui ajoute de la valeur.

En outre, il est relativement simple de calculer et de démontrer la valeur ajoutée du service ou du produit à une organisation cliente qui l'utilise régulièrement. Les ensembles de cas d'exigences/d'utilisation, les cas de test, les modèles, les objets et les plates-formes sont des exemples typiques de composants réutilisables, tout comme les flux de processus d'affaires standard pour un processus d'affaires ou un produit particulier.

2. Enquête de satisfaction de la clientèle : Une enquête de satisfaction client est l'une des méthodes les plus efficaces utilisées par presque tous les prestataires de services pour évaluer le niveau des services à valeur ajoutée fournis au client.

De nombreux prestataires de services ont créé des portails d'enquête pour leurs clients afin de recueillir des commentaires sur les services à valeur ajoutée qu'ils offrent à diverses parties prenantes. Les réponses à l'enquête comprennent des questions et des notes spécifiques décrivant le service/produit à valeur ajoutée fourni par les prestataires de services.

3. Génération d'idées et modèles d'innovation : Il s'agit de l'une des attentes les plus importantes et les plus populaires des organisations clientes vis-à-vis de leurs prestataires de services, et les contrats de renouvellement examinent souvent ces aspects de manière très détaillée.

L'organisation cliente veut savoir quel cadre le prestataire de services a développé, quels éléments sont démontrables, et si les ressources envisagent chaque problème et chaque question de manière créative, etc. En réalité, l'origine des services à valeur ajoutée provient entièrement de nouvelles solutions.

De nombreuses organisations de prestataires de services disposent de portails, de cadres et d'initiatives pour encourager l'innovation et les idées générées par les employés qui peuvent être mises en œuvre pour fournir des services à valeur ajoutée à leurs clients.

4. Registre des valeurs : La tenue d'un registre de valeur et l'enregistrement rapide de tous les cas de services à valeur ajoutée fournis au client constituent une approche simple pour capturer tous les cas de valeur ajoutée pour le client tout au long des engagements.

5. Outils de motivation : De nombreuses organisations prestataires de services utilisent des outils de motivation avec des incitations, des récompenses, etc. pour encourager la génération d'idées nouvelles, créatives et innovantes.

Souvent, les organisations clientes remettent également des certificats et des récompenses monétaires aux travailleurs des prestataires de services en reconnaissance de leurs contributions exceptionnelles et de leurs services à valeur ajoutée. Il s'agit par exemple de fournir des solutions originales aux questions ou problèmes des clients qui ne sont pas typiques des opérations quotidiennes.

6. L'utilisation des meilleures pratiques est comparable à l'emploi de composants réutilisables. Étant donné que de nombreux prestataires de services

travaillent dans plusieurs environnements clients, les meilleures pratiques recueillies auprès d'autres comptes et missions clients sont stockées dans un référentiel et appliquées lorsque des situations similaires se présentent pour d'autres clients.

L'utilisation des meilleures pratiques pour résoudre les questions ou les problèmes des clients est très efficace lorsque l'environnement et les circonstances de l'entreprise sont identiques. Cela ajoute une valeur significative à l'organisation du client.

7. Instruments spécifiques au client : La gestion des relations et la visibilité au niveau de la direction sont de la plus haute importance dans les grands comptes clients. La plupart des fournisseurs de services s'efforcent de créer des tableaux de bord de programmes, des tableaux de bord de gestion des accords de niveau de service et des portails de rapports pour afficher les réalisations, les tendances de progression sur divers paramètres et la santé globale du compte. Ce service apporte de la valeur à l'organisation cliente.

8. Outils d'escalade et de gestion des problèmes : Il s'agit d'outils assez courants mais essentiels, notamment pour les grands comptes clients. L'avantage supplémentaire évident de ces solutions pour le client est une forte diminution du temps et des efforts nécessaires pour traiter les problèmes et les escalades.

Lorsque cela a une influence négative sur l'entreprise, il est essentiel de partager les informations avec les parties nécessaires, comme le moment où les problèmes surviennent ou remontent, qui les traite et quelle est la résolution. Grâce à ces outils, vous pouvez concevoir un excellent flux de travail et un processus de bout en bout.

De nombreuses entreprises prestataires de services alimentent les bases de données de problèmes et d'escalades pour la gestion future des problèmes. Même pour les petits comptes clients, un simple registre des problèmes et des escalades basé sur Excel avec les faits nécessaires constitue un référentiel solide, et ces événements antérieurs peuvent être utiles pour les problèmes futurs de même nature.

9. Les outils Six sigma : Les outils Six sigma sont très efficaces et axés sur les résultats. Ils aident les équipes de fournisseurs de services à saisir la voix du client (VOC) lors de la phase de définition. Les mesures critiques pour la qualité (CTQ) sont identifiées et suivies tout au long du cycle d'amélioration.

Les outils Six sigma suffisent à démontrer leur valeur, car les projets Six sigma durent normalement de deux à trois mois. Comme la technologie est largement utilisée et acceptée, il est simple de persuader les clients des avantages de son utilisation pour démontrer les ajouts de valeur.

Les points forts de la session sont les suivants : Les outils sont les ressources qui permettent en permanence aux prestataires de services d'être plus performants pour leurs clients à moindre coût.

En conclusion, créer de la valeur pour votre client n'est pas un exercice ponctuel visant à lui donner le sourire, mais un processus continu de mise en œuvre d'une stratégie commerciale soutenue par des solutions innovantes et de gestion tout au long de l'engagement du client afin de démontrer un retour sur investissement mesurable.

CHAPITRE 6: LA VALEUR DE VENTE ET SON INCIDENCE SUR VOTRE PRODUIT.

Le consommateur détermine principalement la définition de ce qui apporte de la valeur. Soit vous faites ce qui est le mieux pour le consommateur (comme établi précédemment), soit vous ne le faites pas. Du point de vue du consommateur, la "valeur ajoutée" n'implique rien. Elle n'ajoute pas de valeur significative au produit lui-même. La valeur de base du produit devra se suffire à elle-même.

Les consommateurs achèteront auprès d'un représentant commercial qui se soucie réellement de leurs besoins et qui ne propose pas d'articles "supplémentaires" pour réaliser la vente.

J'ai passé des années à essayer de convaincre les représentants des ventes que la valeur qu'ils "apportent" provient d'eux-mêmes. Ce n'est pas quelque chose que la société offre pour compenser son incapacité à comprendre le consommateur et ses besoins.

Prétendre offrir un service à valeur ajoutée, c'est comme dire à un client potentiel : "Achetez cette voiture chez moi parce que les pneus sont gonflés".

Donner de la valeur nécessite d'abord d'adopter le point de vue de l'acheteur. Comprenez que l'acheteur cherche toujours à satisfaire ses désirs et ses exigences, jamais les vôtres. Vous n'êtes pas pris en compte ! Il s'agit toujours d'eux et jamais de vous.

Quatre niveaux de satisfaction de l'acheteur:

Vous devez répondre aux attentes du consommateur. Réfléchissez à la manière dont vous pouvez y parvenir avec votre produit ou service. Comprenez que le produit ou le service répond aux exigences du client, et non à une quelconque valeur ajoutée. Rien de ce qui est ajouté au produit ou au service ne peut vous aider à répondre aux attentes du client.

Je ne veux pas dire que les extras sont sans importance ; ils font l'objet de la déclaration suivante. Je veux dire que le produit suscite certaines attentes, qui doivent être satisfaites, sinon l'acheteur ira voir ailleurs. Les attentes sont centrées sur le produit, et non sur votre valeur ajoutée.

Pouvez-vous fournir une liste de vingt attentes probables de l'acheteur avant votre première conversation ?

Pouvez-vous démontrer comment votre produit répond à ces exigences sans utiliser de superlatifs ? Créez une liste de vingt articles qui répondront aux exigences de l'acheteur. Le jour suivant, ajoutez vingt autres éléments à la liste.

Une fois que l'acheteur potentiel est convaincu que vous pouvez répondre à ses attentes, vous devez démontrer votre capacité à les dépasser. Vous devez continuellement vous demander comment vous pourriez dépasser les attentes des acheteurs potentiels - en ajoutant quoi au produit d'achat initial.

C'est ici que vous apportez une valeur ajoutée.

Réfléchissez à vingt façons dont vous pouvez dépasser les attentes de vos acheteurs potentiels. Considérez ces facteurs du point de vue de vos nouveaux clients pour voir si vous êtes sur la bonne voie. Si ce n'est pas le cas, retournez-y et générez vingt autres idées. Le jour suivant, ajoutez vingt autres éléments à la liste.

Ensuite, vous devez continuer à satisfaire le client après le moment de la vente. On parle parfois de "satisfaction de la vente". Vous devez comprendre la distinction entre satisfaction et plaisir. Demandez-vous continuellement : "Comment puis-je faire plaisir à mon client ? Il conçoit ensuite des moyens pour atteindre la satisfaction du client. Pouvez-vous trouver vingt méthodes pour faire plaisir à vos clients?

Envisagerez-vous vingt mots supplémentaires demain ?

Comment comptez-vous mettre en œuvre les changements d'aujourd'hui ?

Quels sont vos projets pour le jour suivant?

Vous savez qu'impressionner l'acheteur potentiel à chaque étape du processus de vente est essentiel pour être le meilleur. En fin de compte, vous devez comprendre le pouvoir de l'étonnement. Arrêtez-vous maintenant et réfléchissez à vingt façons d'étonner votre acheteur potentiel, du premier contact jusqu'à ce qu'il vous recommande à ses amis. Le jour suivant, réfléchissez à vingt autres. Planifiez la manière dont vous voulez appliquer ces mesures.

La valeur nécessite que vous compreniez votre acheteur ! Votre produit est votre valeur, et votre produit est le vôtre. Sans vous, votre produit n'est rien de plus qu'une marchandise. Les professionnels de la vente prennent le produit, s'y ajoutent et génèrent une valeur considérable pour les acheteurs potentiels.

CHAPITRE 7 : CRÉER DES OFFRES IRRÉSISTIBLES DONT L'ACTION IMMÉDIATE EST UNE VALEUR AJOUTÉE.

La valeur ajoutée consiste à offrir aux clients plus que ce qu'ils pourraient recevoir ailleurs. Aujourd'hui, la plupart des individus sont motivés par la valeur. Ce n'est pas le prix qui compte le plus ; la valeur ajoutée qu'ils reçoivent justifie le coût de votre gadget.

Offrez à vos clients une valeur d'usage nettement supérieure à celle que vous obtenez en valeur financière. Lorsque vous offrez davantage à chaque achat, les acheteurs perçoivent cet achat comme ayant une plus grande valeur. Cette valeur ajoutée vous donne un avantage concurrentiel clair et indéniable sur toutes les autres entreprises vendant des produits comparables.

L'objectif ici est d'augmenter la valeur de ce que vous vendez. Faites en sorte qu'il soit beaucoup plus avantageux et valable pour l'acheteur d'acheter chez vous. Vous voulez que la décision d'achat soit prise sans hésitation en votre faveur en raison de la valeur ajoutée substantielle que vous apportez.

Inclure d'autres bonus avec chaque achat est un moyen simple d'améliorer la valeur. Il peut s'agir d'un joli sac avec chaque ordinateur portable, d'un tablier avec chaque machine à pâtes ou d'une ceinture à outils de haute qualité avec chaque perceuse électrique. De nombreuses récompenses de ce type sont disponibles auprès de vendeurs spécialisés, en vrac et à des coûts abordables.

Fournir gratuitement des rapports imprimés, des cassettes audio, des films ou des CD est une méthode simple et peu coûteuse pour offrir de la valeur. L'objectif est de fournir des informations utiles et opportunes à l'acheteur. Avec un peu de chance, il s'agit également de quelque chose qu'il ne peut pas découvrir ailleurs.

Souvent, ces "extras" peuvent être reproduits à un coût très bas, mais la valeur perçue qu'ils offrent à un produit peut valoir cent fois ou plus que leur coût réel.

Une offre convaincante est un élément essentiel d'une rédaction efficace. Plus votre offre est convaincante pour les clients potentiels, plus vous avez de chances de conclure l'affaire. De nombreux spécialistes de la réponse directe s'accordent à dire que si vous voulez augmenter vos résultats, vous devez améliorer votre offre. Une meilleure offre signifie une plus grande valeur. Les acheteurs en ont plus pour leur argent.

Il existe de nombreux bons exemples de marketing à valeur ajoutée présentés à la télévision. Vous pouvez allumer la télévision à n'importe quelle heure du jour ou de la nuit et être témoin de nombreux exemples d'autres valeurs.

C'est en partant de ce principe que le couteau Ginsu a été vendu commercialement pendant des années. Vous recevez plusieurs couteaux pour un prix bas. "Achetez le Ginsu Deluxe, célèbre dans le monde entier, et vous recevrez également ceci et ceci, et si vous commandez dans les huit prochaines minutes, vous recevrez également cet article supplémentaire unique gratuitement !" Les spécialistes du marketing de la marque Ginsu ont vendu des millions de paquets en utilisant cette stratégie de valeur ajoutée.

Observez n'importe quel publireportage à la télévision aujourd'hui, et vous verrez que les mêmes offres de valeur ajoutée sont systématiquement utilisées. Pourquoi ? Parce qu'elles fonctionnent exceptionnellement bien.

Les clubs de lecture et de CD utilisent le concept de valeur ajoutée pour acquérir une partie de ce précieux marché. Comment peuvent-ils attirer les personnes habituées à acheter des livres et des CD au centre commercial local ? En offrant d'emblée une valeur exceptionnelle. "5 livres pour 5 $" ou "Choisissez 3 CD GRATUITS avec votre première commande" sont des exemples d'offres de valeur ajoutée proposées principalement pour attirer les nouveaux consommateurs.

Presque toute organisation peut offrir de la valeur avec de simples produits d'information. Créez des produits à valeur ajoutée et des "informations privilégiées" qui profitent à vos clients. Il peut s'agir de la manière de tirer le meilleur parti de leur nouvel équipement, de l'entretenir pour qu'il dure plus longtemps et fonctionne de manière fiable pendant des années, ou de la manière d'utiliser votre nouveau gadget de 37 façons différentes à la maison ou au bureau.

Une autre solution consiste à fournir aux acheteurs les informations qu'ils sont susceptibles de trouver utiles. Par exemple, une exploitation de fraises pourrait fournir une ou deux recettes fantastiques de gâteaux, tartes ou tartelettes aux fraises. Il n'est pas difficile de créer la perception d'une valeur ajoutée. Il s'agit d'un exemple de valeur ajoutée basique, abordable et approprié.

Apporter une valeur ajoutée crée une situation où toutes les parties sont satisfaites de l'acquisition. Vos consommateurs en ont plus pour leur argent et sont ravis de partager leurs expériences positives avec d'autres. L'ajout de valeur augmente le nombre de références. Au fur et à mesure que le bruit se répand sur les avantages uniques offerts par votre entreprise, vous obtenez une base de consommateurs plus large.

Comment pouvez-vous améliorer la valeur perçue de votre offre actuelle ? Une petite dose d'inventivité peut rendre votre offre commerciale considérablement plus attrayante, et une offre séduisante attire beaucoup plus de clients intéressés.

CHAPITRE 8: COMMENT SUIVRE LA VALEUR DU CLIENT DANS LE TEMPS.

Le saint Graal du marketing en ligne est le suivi de la valeur du client à vie et l'évaluation du retour sur investissement de chacun de vos véhicules marketing. Malheureusement, de nombreux spécialistes du marketing en ligne n'ont pas les compétences d'exécution nécessaires pour réaliser cette ambition. Ces spécialistes du marketing atteignent l'objectif d'évaluer la valeur du client à vie, mais utilisent tellement de raccourcis que leurs conclusions sont douteuses.

Le suivi de la valeur à vie des clients est plus difficile qu'il n'y paraît au premier abord, car les spécialistes du marketing s'appuient sur deux systèmes distincts pour le suivi des clients, et ces systèmes ne communiquent généralement pas entre eux. Le premier système de suivi est un progiciel d'analyse Web, dont le plus populaire est Google Analytics.

Le second système de suivi est le système transactionnel (tel qu'une base de données de commerce électronique) qui enregistre les clients et les commandes. Bien que le progiciel d'analyse en ligne dispose d'informations sur l'origine des clients, la valeur à vie des clients est généralement stockée dans le système transactionnel, ce qui constitue un obstacle.

Comme les responsables marketing ne comprennent pas comment interfacer leur logiciel d'analyse avec leur système transactionnel, ils commencent à prendre des raccourcis. Le raccourci le plus fréquent consiste à obtenir une valeur moyenne de la durée de vie du client à partir du système transactionnel et à supposer que cette valeur s'applique à toutes les catégories de clients.

Cette hypothèse importante ne tient souvent pas la route lorsque vous pouvez accéder à la valeur réelle de la durée de vie des clients par segment. La réalité est que certaines parties dépensent beaucoup plus que d'autres. Par conséquent, vous devez regarder plus profondément.

Parfois, les spécialistes du marketing estiment la valeur du client sur la base des informations contenues dans Ad Words ou Google Analytics (lorsque les fonctionnalités de commerce électronique sont activées). Le problème de cette stratégie est que Ad Words utilise un cookie de 30 jours, ce qui signifie que vous ne pouvez suivre les dépenses des consommateurs que pendant les 30 jours suivant le clic d'un utilisateur sur une annonce. Ce laps de temps est insuffisant pour évaluer la valeur à vie.

Il existe deux méthodes fondamentales pour suivre efficacement la valeur à vie du client : transférer les informations sur la source du client vers votre système transactionnel ou extraire suffisamment d'informations de votre progiciel d'analyse pour les faire correspondre à votre système transactionnel. Dans le premier cas, vous marquez chaque campagne publicitaire sponsorisée avec d'autres données qui définissent l'origine d'un client.

Par exemple, supposons que nous diffusions des publicités pour votre site Web. Au lieu de mettre "http://YourURLHere.com/" pour la page de destination lors de la configuration des publicités, nous utilisons "http://YourURLHere.com/?source=123", où 123 représente la campagne publicitaire.

Le système transactionnel doit alors capturer "?source=123" et associer ces données au bon client. En d'autres termes, lorsqu'un consommateur clique sur la publicité, vous enregistrez "123" dans la colonne de votre base de données correspondant à ce client.

Si vous avez créé votre système transactionnel, cette modification n'est généralement pas difficile sur la plupart des plateformes. En fonction de la flexibilité de votre système transactionnel/de commerce électronique, cette stratégie peut être applicable ou non.

Outre les difficultés d'intégration, cette stratégie présente d'autres avantages et inconvénients. Une fois que ce système est opérationnel, il est assez simple de générer des rapports détaillant le revenu global par campagne et ce que les clients ont acheté et quand. Cela s'explique par le fait que toutes les données relatives à la segmentation et aux revenus résident en un seul endroit : vos systèmes transactionnels.

Cependant, le coût de vos campagnes ne se trouve pas dans les systèmes transactionnels, il vous faudra donc les faire correspondre. Cependant, il s'agit généralement d'une tâche simple qui peut être effectuée manuellement si vous n'avez pas beaucoup de campagnes.

Cette stratégie fonctionne pour les campagnes de publicité sponsorisée et d'autres stratégies où vous pouvez contrôler l'URL (pour ajouter l'information "?source=123"). Dans certaines circonstances, comme la recherche gratuite, vous ne pouvez pas contrôler l'URL.

Par conséquent, vous ne pouvez pas calculer le ROI pour toutes les sources en utilisant cette méthode. Bien que nous soyons principalement intéressés par le ROI des campagnes publicitaires payantes, il est toujours utile de connaître le ROI du travail de référencement et des autres projets de marketing.

La deuxième méthode de suivi de la valeur du client à vie consiste à collecter suffisamment de données à partir du système d'analyse Web pour déterminer l'origine des clients. Si vous utilisez Google Analytics, vous devez activer les fonctions de commerce électronique.

Après avoir effectué ces étapes, vous pouvez générer des rapports dans Google Analytics qui affichent les ID de transaction par source de client. Par exemple, on peut sélectionner le domaine du commerce électronique et le rapport Transactions dans Google Analytics. Vous pouvez ensuite choisir un segment ou utiliser la dimension secondaire pour filtrer les résultats.

Vous disposez maintenant d'une liste de transactions organisées par leur source. Ces informations peuvent être exportées de Google et importées dans une base de données de rapports pour votre système transactionnel, où vous pouvez visualiser les achats ultérieurs effectués par les clients à partir de chaque source.

En d'autres termes, Google Analytics vous informe que la commande 1001 a été passée par un consommateur qui est arrivé depuis une certaine campagne. Vous pouvez maintenant accéder à votre système transactionnel pour déterminer que ce client a ensuite passé les commandes 1010 et 1011.

Pour exporter les données de Google Analytics, il est conseillé d'utiliser un programme automatisé. Excellent Analytics est un complément Excel qui utilise l'API de Google Analytics pour récupérer les données de Google Analytics. Cette stratégie demande un certain effort de mise en place, mais elle est incroyablement bénéfique si vous la poursuivez.

Cette deuxième méthode s'applique à presque toutes les sources de clients, ce qui est l'un de ses nombreux avantages. Vous voulez savoir combien d'argent les clients de la recherche organique dépensent ?

Cette méthode ne pose aucun problème. Vous pouvez rendre les données aussi granulaires que vous le souhaitez.

Par exemple, vous pouvez déterminer la valeur à vie des utilisateurs qui sont arrivés à une phrase de mots clés donnée via la recherche organique. Le ciel est essentiellement la limite lorsque vous découpez les données sur la valeur des clients.

La partie suivante des conditions de service de Google Analytics doit être prise en compte:

Vous n'utiliserez pas (et ne permettrez pas à un tiers d'utiliser) le Service pour suivre ou collecter des informations d'identification personnelle des utilisateurs d'Internet. Vous n'associerez pas non plus (et n'autoriserez pas un tiers à le faire) les données recueillies sur votre site Web (ou celui d'un tiers) à des données d'identification personnelle provenant d'une source quelconque dans le cadre de votre utilisation (ou de celle d'un tiers) du service.

Je ne prétends pas être un juriste, mais il est possible d'interpréter ces termes comme une violation des conditions de service de Google. D'un autre côté, on peut faire valoir que Google viole ses conditions de service en affichant de manière bien visible dans son interface l'identifiant de la transaction, qui est une information permettant d'identifier une personne.

Si les conditions de Google vous inquiètent, vous pouvez toujours utiliser un autre outil d'analyse Web. En outre, si vous regroupez les données par segment de clientèle plutôt que par client individuel, vous n'êtes probablement pas en violation de l'intention de cette section. Vous devez faire la détermination.

Les clients visitent souvent de nombreuses sources avant de finaliser un achat. Avant de finaliser un achat, ils peuvent cliquer sur de nombreux efforts payants, une campagne par courriel et un lien organique. Quelle que soit votre stratégie, vous devez tenir compte du fait que les clients ne suivent pas un chemin direct d'une source à l'autre sur votre site web.

Quelle entité reçoit le crédit pour le client ? Vous devrez déterminer quelles réglementations s'appliquent. De nombreuses organisations avec lesquelles j'ai travaillé considèrent que la première source est "propriétaire" du client. Néanmoins, elles réaffecteront le compte à une autre source si le consommateur devient inactif pendant une période prolongée (par exemple, aucun achat pendant six mois ou plus).

Si vous utilisez ces méthodes pour suivre la valeur à vie des clients, vous découvrirez que votre prise de décision est nettement améliorée. Vous pouvez désormais mesurer l'efficacité de vos opérations de marketing de manière très détaillée.

CHAPITRE 9: DES PROPOSITIONS DE VENTE UNIQUES POUR VOTRE ENTREPRISE EN PÉRIODE DIFFICILE.

Une récession ne doit pas nécessairement causer des problèmes à votre entreprise. Même dans les marchés prospères, chaque entreprise connaît des hauts et des bas.

Votre entreprise est-elle suffisamment préparée et équipée pour faire face aux exigences d'une économie faible ou difficile ?

De nombreux propriétaires d'entreprise craignent le ralentissement économique et le risque de perdre des clients, des employés ou des bénéfices. Ils pensent que si l'économie faiblit, les clients et les consommateurs réduiront leurs projets, cesseront de dépenser et chercheront peut-être même des options moins chères auprès de la concurrence.

Cela est vrai, mais seulement dans une certaine mesure. Il est certain qu'un ralentissement de l'économie et une humeur défavorable des consommateurs peuvent mettre votre organisation au défi ou vous permettre d'obtenir de nouveaux clients et d'augmenter vos ventes en adoptant des techniques qui donnent les meilleurs résultats sur un marché en déclin et qui sont fantastiques en période d'expansion du marché.

En fonction de votre secteur, vous pouvez employer différentes techniques pour préserver et stimuler vos ventes pendant que vos concurrents se battent pour survivre.

Les USP (Unique Selling Propositions) suivantes fixent des objectifs quantifiables et identifient les actions stratégiques essentielles qui vous aideront à faire naviguer efficacement votre entreprise à travers des périodes économiques imprévisibles alors que d'autres luttent pour survivre:

1. Profitez de la période de calme pour améliorer les fondamentaux de votre entreprise et ses fondamentaux.

Après un long fonctionnement, votre entreprise a besoin de resserrer ses nœuds et ses boulons et de lubrifier ses pièces mobiles pour éliminer les grincements. Commencez par le sommet en révisant et en réaffirmant les valeurs, la vision et la mission de votre organisation. Veillez à ce que vos employés soient motivés pour défendre les valeurs de l'entreprise en montrant une conscience claire des enjeux commerciaux et en exprimant leur contribution.

Alignez les objectifs et les valeurs de votre entreprise avec les mesures d'incitation et de récompense de vos employés. Diffusez l'information au sein de l'organisation afin que vos employés puissent faire preuve d'initiative. Faites participer votre personnel à la résolution des problèmes et sollicitez ses suggestions uniques pour accroître la rentabilité, améliorer l'efficacité et réduire les dépenses.

2: Repousser les limites de la concurrence.

Arrêtez-vous un instant et posez-vous la question suivante : si ce que je vends ou offre est sensiblement le même que celui de mes concurrents, de quoi ai-je besoin pour être différent et supérieur de différentes manières, notamment en matière de service à la clientèle, de marketing, de promotion et de vente ?

Au-delà de la créativité et de l'innovation, la solution à cette question réside dans le fait de différencier favorablement votre entreprise de ses concurrents grâce à un "leadership réfléchi" et à une ingéniosité inspirante, qui doivent devenir une seconde nature pour vous et votre organisation en période difficile.

Votre objectif ultime est de vous démarquer pleinement dans l'esprit de vos clients en mettant en œuvre des techniques de vente et de marketing innovantes afin de générer des points forts uniques (USP) qui sont exclusifs à votre entreprise et au secteur. En d'autres termes, votre entreprise doit se distinguer positivement de ses concurrents ou périr.

3: Réactivez les anciens prospects.

Avec un minimum d'autres efforts de vente, il est possible de convertir de vieux prospects en entreprises productives. De nombreux prospects que vous avez abandonnés par le passé peuvent être ressuscités et convertis si vous persistez.

En 2007, une recherche de la Harvard School of Business a indiqué que la plupart des vendeurs, quel que soit le secteur, abandonnent trop tôt. 75 % des ventes aux entreprises ou aux clients sont réalisées lors du cinquième appel commercial, et 25 % des vendeurs font plus de trois appels commerciaux!

4. Fournir un niveau de service supérieur à vos clients.

Garder vos clients existants dans les moments difficiles, c'est comme tenir le feu dans sa main ; c'est donc essentiel pour la survie et la longévité de votre entreprise.

Maintenir une culture de l'excellence du service de vente en allant plus loin, en satisfaisant les clients et en leur offrant plus de valeur pour leur argent est une méthode infaillible pour préserver l'élan de votre organisation. C'est maintenant l'occasion d'aller plus loin, ce qui pourrait faire la différence entre satisfaire vos clients et les étonner.

5. Planifier et exécuter un nouveau plan marketing audacieux.

Pour éviter qu'une pause dans votre activité ne se produise, vous devez faire du marketing de manière continue et active tout au long de l'année et chaque semaine. Pas seulement lorsque vous avez besoin d'affaires. Un plan de marketing continu assure un flux régulier de nouvelles pistes commerciales. Le marketing réalisé aujourd'hui initie un cycle de vente qui se traduira par de nouvelles affaires lorsque vous en aurez besoin dans six mois.

6. Améliorer la valeur de vos produits ou services actuels.

En période de récession, les acheteurs sont plus attentifs aux prix que jamais. Par conséquent, répondez à leur inquiétude en leur offrant la meilleure valeur possible pour leur argent. Il n'est pas nécessaire de "donner le magasin" ou de fournir un degré de service excessif.

Vos clients verront un petit effort ou un service supplémentaire comme un gain de valeur substantiel. Utilisez la technologie et les médias sociaux pour stimuler l'expansion de votre entreprise tout en améliorant le service à la clientèle, la communication et le suivi.

7: Soyez optimiste et enthousiaste.

Pendant les périodes de ralentissement des affaires, vous devez rester optimiste et éviter de vous laisser abattre. Les gens et les consommateurs peuvent sentir votre dépression si vous êtes déprimé, ce qui peut avoir un impact négatif sur vos affaires internes et externes.

Ne perdez pas espoir ; au contraire, soyez enthousiaste, ayez foi en vos employés, vos produits et vos services, et transmettez cet esprit de passion et de foi à vos employés et aux consommateurs. N'oubliez pas que vous n'êtes pas seul car, en cas de ralentissement du marché, tout le monde est sous le même parapluie et vit les mêmes circonstances que vous.

Demandez l'aide d'un coach et d'un mentor professionnels qui peuvent vous aider à identifier vos forces et vos faiblesses, à cerner votre motivation intérieure et à réorienter vos efforts dans une perspective plus large.

8: S'abstenir d'appliquer toute hausse de prix prévue.

Même si vous pensez qu'une hausse des prix s'impose depuis longtemps et que vous la méritez, un ralentissement de l'activité n'est pas le moment idéal pour la mettre en œuvre. Ajustez vos prix pendant cette accalmie temporaire pour satisfaire une plus grande variété de clients.

9. Contrôler les individus négatifs et ineptes dans votre organisation.

Les personnes négatives peuvent nuire à votre réussite, même dans les meilleures circonstances. Dans des circonstances difficiles, la dernière chose dont vous avez besoin est un employé négatif ou inefficace qui ne partage pas vos valeurs et votre culture d'entreprise.

Comme il suffit d'un seul employé inepte ou négatif pour freiner toute une équipe, vous devez contrôler et gérer ces situations avec confiance et rapidité et renvoyer toute personne qui n'adhère pas à la culture de votre entreprise.

En résumé, il existe des périodes déterminantes dans chaque cycle économique et dans la carrière de chaque homme d'affaires qui appellent des actions extraordinaires à la mesure du défi à relever. Cependant, les hommes d'affaires ont tendance à perdre de vue la situation dans son ensemble en raison du stress des périodes difficiles.

Veillez à ce que vous et votre équipe receviez le coaching approprié afin de vous concentrer sur le "retour aux sources" et de pousser votre équipe au niveau supérieur, où chacun maîtrise les principes fondamentaux et l'essentiel.

Gardez à l'esprit le tableau d'ensemble tout en élaborant les meilleures tactiques, les meilleurs programmes et les meilleurs services pour augmenter vos revenus, positionner votre entreprise pour un succès continu et, plus important encore, séparer véritablement votre organisation de ses concurrents sur le marché.

CHAPITRE 10 : COMMENT AMÉLIORER LA PERCEPTION DE VOTRE VALEUR PAR VOS CLIENTS.

Dans l'esprit du client, il existe une équation mathématique qu'il est le seul à connaître : l'équation des avantages perçus et des coûts perçus. La solution de ce calcul est ensuite comparée à d'autres achats "similaires" ou à des achats potentiels pour déterminer une valeur. N'oubliez pas que tout cela est dans l'esprit du client.

Pour observer cette idée en action, rappelez-vous votre dernier achat important.

Comment avez-vous décidé d'acheter ce produit spécifique ?

Avez-vous fait des recherches ?

Le détaillant ou le vendeur n'avait-il qu'une seule marque ou un seul modèle, et vous vous êtes " contenté " de celui-ci en raison d'un sentiment d'urgence ?

Ou êtes-vous un logicien inflexible qui ne fera aucun compromis avant d'avoir obtenu la meilleure offre possible ?

Bien qu'elles ne fassent qu'effleurer le sujet, toutes ces questions montrent que nos décisions d'achat sont influencées par de nombreuses fonctions qui se chevauchent et s'entremêlent en nous, mais qui dépendent en fin de compte de notre perception de la valeur. Si nous voyons une bonne affaire, nous allons acheter. Même si nous désirons ou avons besoin de l'article, nous ne l'achèterons pas si nous pensons qu'il n'a pas une juste valeur et qu'il n'y a pas de sentiment d'urgence.

Malheureusement, la valeur de votre entreprise n'est pas ce que vous pensez qu'elle est, mais ce que vos consommateurs perçoivent.

Si tel est le cas, quelles mesures devez-vous prendre pour vous assurer que vous ajoutez de la valeur aux yeux de vos clients ? Cela peut être aussi simple que de donner d'autres informations ou aussi complexe que d'étendre vos heures d'ouverture. Quelle que soit la réponse optimale, elle proviendra des commentaires des clients. Ne vous fiez pas uniquement aux données démographiques et aux études de marché.

Même s'il s'agit de pièces essentielles de l'ensemble du tableau, se fier uniquement à ces informations est une solution de facilité. Écoutez les plaintes de vos clients par le biais d'enquêtes, d'appels de suivi, d'interactions de service et de fonctions de sensibilisation afin d'anticiper et de répondre à leurs besoins avant qu'ils ne deviennent un problème.

Si vous parvenez à renforcer le sentiment de vos clients quant à la valeur de vos produits et services, ils seront plus satisfaits et plus enclins à parler aux autres de leur "excellente affaire".

Une valeur intrinsèque doit accompagner tout ce que vous faites pour vos clients. À moins que votre produit ne soit le meilleur de son genre au monde, vous devez faire concurrence à d'autres qui vendent des biens similaires. L'un d'entre vous obtiendra peut-être un avantage concurrentiel en offrant le plus grand choix de ces objets.

Un concurrent peut trouver un avantage commercial en proposant son produit sur certains marchés seulement. D'autres peuvent être en mesure de réduire la concurrence en proposant les prix les plus bas possibles. Cependant, une nécessité et une valeur sont négligées : l'attention de chaque consommateur.

Lorsque les clients manifestent de l'intérêt pour votre produit ou service, ils manifestent, par extension, de l'intérêt pour votre entreprise et pour vous-même. Il y a des moments dans le marketing

Internet où un million de transactions peuvent se produire sans une seule connexion humaine.

D'autre part, vous pouvez recevoir des centaines de milliers ou des millions d'appels de clients désorientés les jours où la technologie elle-même est défectueuse. En offrant un service exceptionnel à ce stade, vous apportez de la valeur au produit qui intéresse les acheteurs, une qualité que personne d'autre ne peut offrir.

Combien de fois avez-vous été contraint de choisir entre des produits comparables à des prix équivalents ?

Quel a été le facteur décisif?

L'élément humain peut être le facteur décisif, même si cela coûte quelques dollars de plus. N'oubliez pas que la plupart des personnes sont prêtes à payer un peu plus pour être traitées de manière unique.

Créer une demande chez les consommateurs est l'essence même de la vente. Vous avez besoin qu'ils aient besoin de vos produits et services. Vous avez besoin qu'ils aient envie de revenir encore et encore. Sur les marchés incroyablement compétitifs d'aujourd'hui, il ne suffit pas d'avoir un excellent produit à un prix raisonnable. L'avantage viendra de la traditionnelle touche personnelle, même dans l'environnement mondial et numérique d'aujourd'hui.

Une fois que vous avez généré un besoin impérieux pour les articles, vous commencez à ajouter de la valeur à vos consommateurs en les traitant avec un peu plus d'attention - qu'est-ce que cela vous coûte de dire bonjour à un appelant, même si vous savez qu'il va se plaindre ?

C'est totalement gratuit, mais qu'apporte-t-il en échange ? Peut-être qu'un client qui a appelé pour se plaindre d'un problème mineur repart avec sa plainte résolue, la marchandise en main et une remise tout en restant fidèle.

Vous avez sauvé une vente et presque garanti une autre vente avec un peu plus qu'un peu de temps, un accueil agréable et une réduction de prix sur un produit. (Votre budget marketing doit être suffisamment adaptable pour permettre ces achats quoi qu'il arrive). En fait, vous n'avez rien dépensé.

Surtout lorsque toutes les opérations de marketing, de vente et autres sont effectuées en ligne, l'élément personnel fait parfois défaut dans les affaires. Même un courrier électronique remerciant un client pour une transaction passée et l'invitant à un futur événement commercial est plus qu'une bonne idée, c'est une nécessité.

CHAPITRE 11 : PROMOUVOIR LE "PRIX BAS" MAIS LA "VALEUR" EST ESSENTIELLE AU SUCCÈS.

Bien qu'un prix bas augmente généralement le volume des ventes, si vous ne pouvez pas réduire simultanément le coût unitaire, vous perdez du profit, et (les trompettes) les clients que vous attirez grâce à un prix bas se désistent souvent lorsqu'un concurrent propose un prix encore plus bas. Si vous souhaitez conserver votre clientèle actuelle, vous pouvez choisir de promouvoir la "valeur ajoutée".

En réalité, les articles ou services à valeur ajoutée rapportent souvent un prix plus élevé que les acheteurs sont prêts à payer que ceux dont le prix est le plus bas. Inspirez-vous des exemples suivants pour améliorer l'équation de la valeur de votre entreprise.

Ajoutez de la valeur avec un "service supplémentaire sans frais" : Le véhicule était au garage pour des réparations mineures. En récupérant le véhicule, le client a été ravi de voir que les tapis avaient été aspirés gratuitement.

Fixée au volant, une carte de visite indiquait : "Nous passons toujours l'aspirateur à l'intérieur dans le cadre de notre service à valeur ajoutée." En passant l'aspirateur sur les tapis, le garage a rendu le sourire au client sans pratiquement aucun autre coût.

Ajouter de la valeur avec rapidité : Retouches de vêtements le jour même, expédition le jour même, demandes de prêt en cinq minutes et lunettes dans l'heure. Appelez quand vous êtes prêt à partir, et votre commande vous attendra à votre arrivée.

Votre chaudière vient d'être réparée, et le fournisseur vous apporte de la valeur en vous appelant pour confirmer que le travail a été effectué correctement.

Améliorez la valeur par la communication : Envoyez des "conseils utiles" concernant l'utilisation du produit ; concevez un bulletin d'information ; remerciez les clients à l'occasion de l'anniversaire d'un produit (Ouah ! Votre réfrigérateur a dix ans ! Le fleuriste vous rappelle l'anniversaire de votre mère, alors pourquoi aller ailleurs ?

Ajoutez de la valeur avec l'ambiance : Des fleurs fraîches dans l'aire d'accueil ; des toilettes impeccables ; une musique appropriée ; un emballage créatif et attrayant, etc. Une menthe a été présentée avec élégance après le dîner (plutôt que d'être jetée dans un "bol").

Valeur ajoutée avec des informations supplémentaires - Ils ont acheté une pièce d'équipement, et vous leur envoyez un courriel une fois par mois pendant des années avec des conseils, d'autres applications ou des façons novatrices de profiter de leur investissement (il est acceptable de répéter des conseils, mais pas trop souvent).

Il n'y a pas de limite à la liste des stratégies d'ajout de valeur. Cette semaine, je vous mets au défi, vous et votre équipe, de générer une liste de dix stratégies possibles, de sélectionner la plus efficace et de la mettre en œuvre.

La méthode de publicité la plus simple et la plus paresseuse consiste à réduire les prix. Il est de loin préférable de convaincre les gens en leur offrant plus de valeur ; ils achèteront volontiers chez vous s'ils ont l'impression d'en avoir plus pour leur argent.

Avec cette méthode, vous pouvez créer une satisfaction immédiate du client et augmenter considérablement la valeur de votre produit.

En tant que spécialiste du marketing sur Internet, vous avez préalablement identifié le secteur du marché et la demande du marché. Vous avez un produit ou un service pour lequel vous avez fixé un prix. Vous êtes prêt à le vendre.

Mais attendez... ! Vous aimeriez multiplier la valeur de votre produit ou service par plusieurs fois, mais vous ne voulez pas que votre prospect ressente un pincement au moment de l'acheter. En effet, même si la valeur de votre produit ou service peut être multipliée par plusieurs fois, le paiement reste le même!

Quelle anomalie !

Répétez la lecture:

Même si vous souhaitez multiplier la valeur de votre service ou de votre produit par un montant important, le prix reste le même!

Vous remarquez la distinction ?

Laissez-moi vous montrer un exemple.

L'idée est de "transformer" la valeur de votre produit ou service en une "valeur virtuelle du produit ou service".

Disons que j'ai écrit un ebook populaire intitulé "Comment trouver la femme parfaite" et que j'ai fixé le prix de chaque exemplaire à 98 $. C'est le prix de vente. C'est le prix de vente de l'ebook ou le prix actuel au moment de la vente.

Si au lieu de vendre l'ebook pour $ 98,00, je développe un système d'adhésion dans lequel l'acheteur potentiel peut se joindre en tant que membre et recevoir 200 points de crédit pour $ 98,00, j'ai rapidement ajouté de la valeur à l'investissement de $ 98,00 de l'acheteur.

Avec les 200 points de crédit (qu'il a acquis pour 98 $), il peut acheter l'ebook populaire et aura 102 points de crédit restants pour acheter d'autres produits ou services de vous.

Observez ce qui se passe immédiatement:

En échange de 98 $, le prospect a reçu une plus grande valeur perçue en points de crédit.

Il reçoit son livre électronique et des points de crédit supplémentaires qu'il peut utiliser pour d'autres ventes indirectes et paie les mêmes 98 $.

En effectuant cette action simple, vous satisfaites le client et préparez le terrain pour de futurs achats backend.

Réfléchissez un instant à d'autres applications de cette notion.

Peut-on l'intégrer dans vos campagnes de marketing web existantes ? Cette notion a des applications illimitées dans le marketing hors ligne et en ligne et dans le monde réel et non virtuel.

Cependant, lorsqu'elle est appliquée à vos activités de marketing en ligne, elle offre la possibilité d'améliorer la valeur de vos produits et services sans engendrer de coûts supplémentaires. Il permet d'augmenter les revenus et de satisfaire instantanément les clients. Ce concept a-t-il actuellement sa place dans votre stratégie de marketing en ligne?

CHAPITRE 12 : COMMENT UN SITE WEB PEUT AUGMENTER LA VALEUR D'UNE ENTREPRISE.

En raison du coût de la conception d'un site Web, une petite entreprise peut accorder peu d'importance à sa présence en ligne. Après tout, il y a de nombreuses dépenses qui peuvent sembler plus importantes.

Les priorités sont les stocks, l'équipement, la papeterie et la publicité, mais sans site Web, l'entreprise passe à côté d'un pourcentage croissant de clients qui effectuent des recherches de produits et de services en ligne.

Il existe de nombreuses façons de recruter de nouveaux clients, notamment les annuaires téléphoniques imprimés, la distribution de prospectus, les annonces dans les journaux et les magazines, les recommandations de clients existants, la distribution de cartes de visite, les recherches sur Internet et la publicité en ligne.

Un site web peut aider une petite entreprise à attirer de nouveaux clients et à augmenter son chiffre d'affaires. À mesure que le nombre de ménages ayant accès à Internet augmente, la demande d'annuaires professionnels imprimés diminue. Des personnes de tous âges effectuent désormais des recherches en ligne lorsqu'elles essaient d'acheter un article ou d'engager une personne.

Avant d'effectuer un achat, de nombreux utilisateurs d'ordinateurs aiment faire des recherches sur Internet. Un site web peut contenir beaucoup plus d'informations qu'une courte publicité imprimée. Le site web d'une entreprise peut contenir des informations sur les produits, les prix, les spécifications techniques, la disponibilité des stocks, les choix de livraison et les avis des clients.

Outre les informations sur les produits et les services, d'autres éléments du site peuvent inciter les visiteurs à contacter l'entreprise. Un formulaire de contact client permet à quiconque de saisir son adresse électronique, son numéro de téléphone et les données relatives à sa demande, sept jours sur sept et 24 heures sur 24. Cela est extrêmement utile pour les personnes très occupées qui peuvent être en ligne tard dans la nuit lorsque les demandes de renseignements par téléphone ne sont pas disponibles. Une carte de localisation aidera les clients à trouver l'emplacement des entreprises.

Signalisation pour les véhicules, cartes de visite, papeterie imprimée et annonces dans les journaux. En raison de la valeur ajoutée que représente un site web, l'URL peut être placée sur tous les supports publicitaires. Cela encourage les clients potentiels à visiter le site web, à passer une commande en ligne ou à obtenir suffisamment d'informations pour se renseigner.

Après avoir décidé qu'un site web est un bon concept, une entreprise peut évaluer si elle a l'expertise, les compétences et le temps nécessaires pour construire ses pages web. Si ce n'est pas le cas, elle doit s'adresser à un concepteur de sites Web et poser les questions suivantes:

- Le nom de domaine souhaité existe-t-il ?

- Quels sont vos tarifs ? Il peut y avoir un prix fixe par page, des frais annuels d'enregistrement de domaine et des frais mensuels d'hébergement et d'administration.

- Les pages Web seront-elles optimisées pour les moteurs de recherche et, dans ce cas, y a-t-il un coût supplémentaire ?

- Quelles sont les possibilités de mise à jour des pages Web ?

- Quel est le nombre d'adresses électroniques incluses ?

- Une carte de la région sera-t-elle incluse ?

- Un formulaire pour les demandes de renseignements des clients sera-t-il inclus ?

- Combien de photos sont autorisées?

La prise en compte des besoins d'un site web d'entreprise permettra de comparer les prix des concepteurs de sites web et d'aider une entreprise à maximiser les avantages de sa présence sur Internet.

CHAPITRE 13: STRATÉGIE ET ORIENTATION CLIENT.

Le succès d'une entreprise doit commencer et se terminer avec le consommateur. Le surplus du client est la différence entre ce qu'un client paie pour un produit et ce qu'il paierait pour ce produit ou la "valeur" du produit.

Dans leurs efforts pour développer leurs activités, les entreprises ont du mal à persuader les clients de choisir leurs produits plutôt que ceux de leurs concurrents, d'acheter davantage d'un produit s'ils l'utilisent déjà, et d'essayer un nouveau produit.

Fondamentalement, les clients font des achats lorsqu'ils estiment que le prix est raisonnable par rapport à la valeur du produit. La stratégie commerciale vise essentiellement à créer de la valeur pour l'entreprise, ce qui est impossible sans créer de la valeur pour le client.

La stratégie et une proposition de valeur "attrayante" doivent tourner autour des besoins du client. Une proposition de valeur attrayante peut être plus compétitive que ce qu'ils reçoivent actuellement d'un rival et/ou quelque chose d'entièrement nouveau où il n'y a pas de concurrence.

Le plan le plus efficace n'est pas nécessairement celui qui nous permet de vaincre l'opposition. Il peut aussi être celui qui permet à l'entreprise d'éviter la concurrence directe et de fournir une valeur supérieure au consommateur.

Une stratégie visant à créer une valeur supérieure doit être un processus en deux étapes, commençant par la formulation d'une proposition de valeur supérieure basée sur une compréhension approfondie des exigences des consommateurs. La deuxième étape consiste à mettre en place un mécanisme efficace et efficient de diffusion de la proposition de valeur.

En donnant la priorité au client, une stratégie gagnante est formulée en posant des questions sur les désirs des consommateurs et en essayant de découvrir les véritables motivations, objectifs et exigences que les clients cherchent à satisfaire lorsqu'ils achètent des produits et des services. Les meilleures offres de produits et de services sont celles pour lesquelles le client perçoit une bonne valeur pour le prix payé, et l'organisation peut réaliser la marge bénéficiaire souhaitée.

La création de valeur pour le client vient en premier, suivie d'une réponse concurrentielle. Partout où il existe une opportunité de profit, des concurrents apparaissent. En plus de se concentrer sur le consommateur, une stratégie gagnante doit aborder les activités de l'entreprise pour contrer les réponses potentielles de la concurrence et la position qu'elle adoptera sur le marché.

Souvent, le sujet de la stratégie est présenté comme un système de gestion intégratif axé sur la budgétisation, les énoncés de vision et les indicateurs de performance. Cependant, si l'entreprise ne se concentre pas sur le client et le marché, toutes les feuilles de travail et les PowerPoints ne mèneront pas au succès.

" Valeur ajoutée" - Ce petit plus qui fait toute la différence.

Que vendez-vous ?

Êtes-vous le seul vendeur de ce produit ?

Pourquoi devrais-je l'acheter chez vous plutôt que chez un autre ?

Sérieusement, pourquoi les gens achètent-ils chez vous plutôt que chez quelqu'un d'autre qui offre le même produit ? Si tous les autres facteurs sont égaux, la réponse est le prix, et lorsque la concurrence se fait sur le prix, personne ne gagne.

Si vous baissez vos prix pour concurrencer un rival, celui-ci fera probablement de même, et ce sera votre tour. Il s'agit d'un cercle vicieux dans lequel personne ne gagne, pas même le consommateur, car pour réduire vos prix afin d'être compétitif, vous devrez probablement réduire la qualité de votre service.

La solution à ce problème est de développer un "service à valeur ajoutée" qui vous différencie de la concurrence.

Fournissez-vous une garantie ?

Est-ce que vous livrez ?

Vendez-vous des réassorts (en plus petites quantités) au même prix que la commande initiale ?

Offrez-vous l'expédition gratuite ?

Les frites sont-elles incluses dans le repas ?

Offrez-vous une compensation aux clients fidèles pour leur fidélité ?

Avez-vous une " carte de fidélité " ?

Trouvez un moyen de vous distinguer des concurrents, et vous serez largement récompensé.

Un associé dans le secteur des revêtements de sol emmenait chaque année ses plus gros clients en vacances. Lorsqu'il m'a informé de ce projet, je lui ai demandé comment il pouvait se permettre de faire quelque chose d'aussi extrême. Il m'a répondu que ses clients "sont prêts à dépenser plus parce qu'ils savent qu'ils auront droit à un voyage".

Quelle est votre proposition de vente unique?

Je tiens constamment compte des prix du transport, de l'expédition et des frais de manutention lorsque je commande en ligne. Certaines entreprises, pour une raison ou une autre, exigent 5 à 10 dollars supplémentaires au titre des "frais de manutention". Elles gèrent les choses différemment de leurs concurrents (qui ne facturent que l'expédition).

Si vous voulez "gérer" mon argent (et celui de dizaines de milliers d'autres consommateurs économes), commencez par ne pas essayer de m'escroquer à mort. Si vous voulez vous différencier, la gratuité des frais de port est un point de départ simple.

Qu'en est-il de vos clients fidèles ?

Avez-vous des projets spéciaux pour eux ?

Leur donnez-vous une raison de rester avec vous en leur disant "Oh, ça me manquerait si je ne trouvais pas quelqu'un d'autre qui..." ? Si ce n'est pas le cas, trouvez-en une.

Envoyez vous des cartes de Noël à vos clients ?

Et des cartes d'anniversaire?

Eh bien, tout le monde le fait aussi ! Envoyez-vous des cartes de vœux du Jour de la marmotte à vos clients ? Non ? Je peux vous assurer que si vous receviez une carte de vœux du jour de la marmotte, vous vous en souviendriez, et n'est-ce pas ce que vous désirez ?

Trouvez un moyen d'ajouter de la valeur à votre produit ou service ; vous ne ferez pas que vous démarquer de la concurrence, vous donnerez également aux gens une raison d'acheter chez vous!

CHAPITRE 14 : COMMENT AMÉLIORER L'EXPÉRIENCE DE VOS CLIENTS.

Aujourd'hui, les chaînes de restaurants se ressemblent à bien des égards, de la nourriture qu'elles servent aux techniques de marketing qu'elles emploient pour attirer davantage de consommateurs. Certaines mettent l'accent sur leur nourriture, tandis que d'autres concentrent leurs stratégies de marketing sur la fourniture d'un service clientèle de qualité supérieure.

Le service client de base est un facteur que de nombreuses entreprises alimentaires négligent. Elles pensent que les clients continueront à revenir et à négliger leur service si elles offrent une bonne cuisine.

Les clients éduqués qui connaissent leurs droits fondamentaux et veulent en avoir pour leur argent ne négligent pas des considérations aussi simples. Appelés simplement services "extra mile", ces petits gestes laissent les consommateurs satisfaits et heureux.

L'attention du personnel est un autre facteur qui incite les clients à revenir. Alors que certains dîneurs prennent leur temps pour choisir le menu, d'autres préfèrent recevoir des recommandations utiles, comme les spécialités du restaurant, les plats favoris et autres. Certains consommateurs aiment une attention discrète, tandis que d'autres désirent une attention vive et amicale.

Bien qu'il soit normal pour un restaurant d'avoir quelqu'un qui accueille les clients à la porte d'entrée, leur ouvrir les portes et les conduire à une table vide les impressionnera. Cependant, en leur offrant un emplacement idéal dans la salle à manger, comme une vue imprenable sur le coucher du soleil, ils se sentiront encore plus spéciaux.

En attendant le repas principal, offrir des amuse-gueules gratuits montre que les propriétaires de restaurant souhaitent maximiser leurs gains et établir un lien agréable et mutuellement bénéfique avec leurs clients. Un modeste plat de pain à l'ail en bâtonnets ou d'amandes et autres ne fait pas de mal au portefeuille de l'homme d'affaires, et les sourires peints sur les visages des enfants sont inégalables et inestimables.

Les gérants ou les propriétaires de restaurant s'adressent de temps en temps aux habitués et les appellent par leur nom, ce qui favorise une relation plus chaleureuse et plus personnelle qui n'est pas uniquement axée sur une relation client-entreprise rentable.

L'attention portée à leurs demandes est le facteur essentiel, car les clients ont un large éventail de désirs qu'une personne attentive aux moindres détails ne peut que percevoir.

Les clients ont des humeurs et des attitudes différentes, des préférences et des bizarreries. Néanmoins, une compréhension de base du service à la clientèle et des différents types de clients aidera les propriétaires de restaurants, les directeurs et l'ensemble de l'équipe à s'occuper d'eux le plus efficacement possible et au moment le plus opportun.

Ne choisissez que les meilleures fournitures de restaurant, car le repas doit toujours être un régal pour la langue et les yeux. Les fournitures et équipements de restauration de classe mondiale sont accessibles en ligne, sept jours sur sept et 24 heures sur 24, de sorte que vous n'avez pas besoin de vous déplacer pour satisfaire les besoins de votre restaurant.

Comment pouvez-vous augmenter votre valeur ?

1. Soyez précis quant à votre offre.

Avant d'apporter d'autres valeurs, vous devez être conscient de votre valeur et de vos talents et dons naturels. Répondez à ces questions. "Quels avantages mes clients idéaux espèrent-ils tirer de leur collaboration avec moi ?" "En quoi ma personnalité, mon objectif et mes capacités sont-ils distinctifs ?"

Comment puis-je exploiter efficacement mes points forts pour offrir les avantages souhaités par mes clients cibles?

2. Soyez brillant là où vous êtes.

Utilisez vos compétences particulières pour transmettre les récompenses que les clients désirent. Si vous êtes inspirant, alors soyez inspirant. Si vous êtes spécifique, soyez spécifique et donnez-leur ce qu'ils désirent. Les clients vous achètent comme faisant partie d'un tout, alors soyez authentique et confiant. Ils l'adoreront.

3. Voir l'avenir.

Interrogez les prospects sur leurs désirs. Participez à leur vision. Une fois que vous avez déterminé qu'il s'agit d'une adéquation, expliquez pourquoi vous êtes le candidat idéal. Peignez-leur une image de ce que vous observez. Réjouissez-vous de la possibilité de collaborer et de co-créer leur rêve ! S'ils vous ennuient, adressez-les à une autre personne.

4. Donnez plus que ce que vous recevez.

Ajoutez une autre valeur pour le pur plaisir de donner ! Dépassez toujours la valeur convenue. Fournissez des informations, des outils, des ressources et des recommandations. Devenez une ressource pour vos clients et vos clients potentiels. Ils chanteront vos louanges.

5. Soyez heureux.

Toujours et seulement, AMUSEZ-VOUS ! La joie est contagieuse, et les clients aiment la compagnie de personnes heureuses et enthousiastes. N'oubliez pas que plus vous apportez de valeur au monde, plus vous recevrez en retour.

Lorsque tout le monde donnera avec son cœur, le monde sera transformé !

Créez des richesses pour les autres en étant simplement (et efficacement) vous-même.

CHAPITRE 15: CONSEILS POUR APPORTER UNE VALEUR AJOUTÉE À VOS CLIENTS.

Vous pouvez apporter une autre valeur si vous créez une entreprise et souhaitez attirer davantage de clients. Au lieu de vous concentrer sur ce que vous attendez de vos clients actuels et potentiels, mettez l'accent sur la valeur que vous pouvez leur apporter.

Lorsque les femmes se rendent au comptoir des cosmétiques d'un grand magasin ou se font faire un soin du visage, elles adorent recevoir de petits échantillons d'articles en cadeau. Il en va de même pour vos clients. Ils aiment recevoir de petits "échantillons" ou des extras. Cela les aide à se sentir spéciaux et appréciés.

Quels articles simples, agréables et faciles à créer pourriez-vous offrir à vos clients qui auraient un impact significatif ? Les possibilités sont illimitées si vous faites preuve d'imagination ! Par exemple, un bulletin d'information, un article ou une liste de conseils, une liste de contrôle ou un questionnaire, un peu de temps supplémentaire, une recommandation, une invitation à votre séminaire, un marque-page ou un journal artisanal.

Bulletins d'information, articles et conseils.

Je pense que les bulletins d'information constituent la méthode la plus efficace pour établir des relations avec des clients potentiels. Au fil du temps, les gens en viennent à vous connaître, à vous apprécier et à vous faire confiance, et sont disposés à faire des affaires avec vous.

Selon les experts en marketing, les gens doivent voir ou entendre votre nom ou vos services au moins sept fois avant d'être prêts à acheter chez vous. Une lettre d'information est un excellent moyen de maintenir le contact et de fournir de la valeur simultanément.

Les bulletins d'information par courrier électronique sont désormais très répandus et, grâce à la technologie actuelle, ils sont à la fois simples et peu coûteux. Vous n'avez pas besoin d'écrire un long article ; vous pouvez commencer par une simple liste de suggestions.

Listes de contrôle et quiz.

La création de listes de contrôle et de quiz personnalisés pour mes clients a été très agréable. Les gens aiment répondre à des quiz de 20 questions avec des réponses de type "oui/non" ou "sur une échelle de un à dix". Ils sont simples à créer pour vos clients, qui y trouveront une grande valeur.

Posez-vous la question suivante : "Quelles sont les dix principales choses que mes clients veulent, et quels sont les dix principaux problèmes auxquels ils sont confrontés ?" Créez une liste combinant les besoins et les obstacles et disposez d'une évaluation personnalisée simple et prête à l'emploi.

En fonction de votre client, le titre pourrait être "Êtes-vous en bonne santé comme vous pourriez l'être ?" ou "Votre vie est-elle en harmonie ?". Ou encore : "Possédez-vous les qualités d'un entrepreneur à succès ?" Vous avez le concept.

Temps supplémentaire.

Offrez à un client qui éprouve des difficultés exceptionnelles 10 à 15 minutes supplémentaires de votre temps. Informez-le que vous lui accordez un autre temps afin qu'il ne s'y attende pas à chaque fois, ou prenez de ses nouvelles par téléphone ou par courriel entre les séances pour déterminer ses progrès.

Ils apprécieront grandement votre intérêt, et cela ne vous demandera pas beaucoup de temps. En outre, il est bon de leur offrir un peu de temps supplémentaire, un courriel ou une note manuscrite pour fêter leur succès.

Recommandation à votre réseau.

Votre stratégie marketing pour développer votre entreprise doit inclure l'élargissement de votre réseau et de votre base de données. Vous pouvez tirer parti de votre réseau en agissant comme une ressource pour vos clients et en les orientant vers des personnes qui fournissent les services dont ils ont besoin. Votre client peut mentionner qu'il a besoin d'un bon comptable ou qu'il a eu mal au dos après avoir joué au tennis et qu'il cherche un bon chiropracteur.

Voici l'occasion de recommander les professionnels que vous connaissez. Votre client appréciera grandement le fait que vous disposiez d'un vaste réseau de contacts personnels. Il est conseillé de fournir plusieurs noms afin qu'il puisse choisir avec qui travailler de manière indépendante.

Une demande de participation à votre séminaire.

Invitez vos clients à vos séminaires et ateliers, gratuitement ou à un prix réduit. Informez vos clients qu'ils seront les premiers à être informés de vos conférences et séminaires à venir. Les gens auront l'impression de faire partie de votre "cercle fermé" s'ils sont les premiers à être informés.

Proposez-leur une incitation ou une prime de parrainage pour qu'ils amènent un ami ou un collègue, par exemple une réduction de 20 % pour chaque personne qu'ils parrainent et qui s'inscrit. S'ils amènent cinq invités, ils bénéficient d'une entrée gratuite. Cela les motive et les aide à remplir votre atelier. Ce pourrait être le meilleur argent que vous dépenserez jamais pour la publicité de votre entreprise, et c'est gratuit.

Vous vous sentirez mieux en offrant constamment une autre valeur à vos clients, et votre entreprise se développera rapidement!

CONCLUSION.

Créer une valeur exceptionnelle pour le client est essentiel pour déterminer le succès d'une entreprise. Quel que soit le prix que vous facturez, vos consommateurs veulent avoir l'impression de recevoir la meilleure valeur pour leur temps et leur argent. Plus encore, ils veulent croire que les cadeaux que vous leur offrez ont une valeur exceptionnelle.

En améliorant la valeur de vos produits et services, vous pouvez simultanément augmenter les prix que vous leur demandez et vos revenus. Voici quelques suggestions pour établir et améliorer la valeur client de vos produits et services :

Dépassez toujours les attentes de vos clients : En dépassant les attentes normales de vos clients, vous améliorerez considérablement la valeur qu'ils perçoivent que vous leur avez fournie. Plus vos clients vous considèrent, vous et votre entreprise, comme précieux, plus la qualité des informations ou du travail que vous leur fournissez sera élevée.

Ne soyez pas comme tout le monde : soyez unique. De nombreux marchés sont sursaturés de produits et services identiques qui ne se différencient pas ou peu de la concurrence.

Il existe de nombreuses façons de vous différencier de vos concurrents. Vous pouvez emballer vos produits différemment de vos concurrents. Vous pouvez concevoir une stratégie de vente différente de celle de tous les autres.

Il existe de nombreuses façons de vous distinguer du troupeau. Vous pouvez concevoir des produits d'information pour qu'ils apparaissent différemment de ceux de vos concurrents. Vous pouvez faire en sorte que votre système de vente soit simple et convivial.

Un nombre disproportionné d'entreprises dans tous les domaines ne se soucient pas du service à la clientèle. Tant que vous avez acheté leur produit, elles n'ont aucun intérêt à savoir si vous avez eu ou non une expérience positive avec leur entreprise.

Les clients aiment faire affaire avec des entreprises qui offrent un service à la clientèle de qualité supérieure. La bonne nouvelle est que vous pouvez en bénéficier. Il vous donne la possibilité de fournir l'excellent service à la clientèle qui fait défaut. Vous pouvez augmenter considérablement la valeur perçue de vos produits et services dans l'esprit de vos clients. Offrez toujours, toujours un excellent service à la clientèle !

Établir des relations est l'essence même des affaires. Vos clients et vos consommateurs apprécient les relations à long terme. En agissant ainsi, votre entreprise devient plus qu'un simple lieu d'achat de marchandises. Vous devenez un ami et un conseiller précieux à qui ils peuvent s'adresser pour poser des questions et résoudre des problèmes. Si vous leur offrez constamment cela, vous aurez des clients fidèles pour la vie.

Ajoutez une valeur ajoutée : Ce point semble évident au vu du titre de l'article. Si vous et votre concurrent proposez le même produit au même prix, vous devez vous demander pourquoi un client déciderait d'acheter chez vous plutôt que chez votre concurrent.

À moins que vous n'apportiez une valeur ajoutée à la transaction, comme un service après-vente supérieur ou des délais de retour plus longs que ceux de vos concurrents, le client ne verra pas votre entreprise différemment des autres.

En offrant une valeur exceptionnelle à vos clients, vous distinguerez votre entreprise de la concurrence ! De nos jours, la concurrence est rude et brutale, et vous devez vous offrir tous les avantages possibles pour gagner dans votre secteur d'activité.

Compétences de gestion pour les gestionnaires.

1. Gestion du temps pour les managers
2. Coaching des employés pour les managers
3. Développement de l'esprit d'équipe pour les managers
4. Confiance en soi pour les managers
5. Techniques de négociation pour les managers
6. Compétences en matière de service à la clientèle pour les managers
7. L'affirmation de soi pour les managers
8. Étiquette commerciale pour les managers
9. Techniques d'écoute pour les managers
10. Compétences en matière de leadership pour les managers
11. Compétences en communication pour les managers
12. Techniques de présentation pour les managers
13. Gestion du stress pour les managers
14. Prise de décision pour les managers
15. Gestion des conflits pour les managers.

Série : La liberté financière à tout âge.

- ➢ Atteindre la liberté financière à 20 ans
- ➢ Atteindre la liberté financière dans la trentaine
- ➢ Atteindre la liberté financière dans la quarantaine
- ➢ Atteindre la liberté financière dans la cinquantaine
- ➢ Atteindre la liberté financière à 60 ans
- ➢ Atteindre la liberté financière à 70 ans et plus.
- ➢ Atteindre la liberté financière chez les enfants

- Atteindre la liberté financière chez les adolescents
- Atteindre la liberté financière chez les étudiants universitaires.
- Les escroqueries financières dont il faut se méfier à la retraite.

Série : Des finances personnelles pour vous.
- Acheter et vendre des crypto-monnaies pour les débutants
- Pourquoi investir dans des actions à dividendes est judicieux.

Série : Patrimoine 2022.

- L'entrepreneuriat en ligne.
- Créer sa propre entreprise
- Gestion de patrimoine
- Revenu passif.
- 12 étapes pour créer votre propre entreprise.

Série : Un excellent service à la clientèle.
- Excellent service à la clientèle dans le commerce de détail
- Excellent service à la clientèle dans la restauration rapide

- Excellent service à la clientèle dans un restaurant à service complet
- Excellent service à la clientèle dans l'enseignement.
- Excellent service à la clientèle dans l'immobilier
- Excellent service à la clientèle dans un centre d'appels
- Excellent service à la clientèle en tant que réceptionniste
- Excellent service à la clientèle dans un hôtel
- Excellent service à la clientèle dans la vente
- Excellent service à la clientèle, peu importe la situation.
- Excellent service à la clientèle dans un cabinet dentaire
- Excellent service à la clientèle dans un cabinet médical.

Série : L'argent rapide.

- Argent rapide en une semaine
- Argent rapide en un week-end
- Argent rapide en un mois
- Argent rapide pour les étudiants.

Série : Comment faire de la promotion.

- Comment promouvoir votre livre de recettes
- Comment promouvoir votre livre pour enfants.

Autres livres de D.K. Hawkins

- ➢ Comment faire prospérer votre entreprise pendant une récession
- ➢ Créer une valeur ajoutée pour les clients
- ➢ Reconnaître les possibilités d'augmenter les flux de trésorerie.

Biographie de l'auteur

D.K. Hawkins. D.K. aime lire des livres sur les affaires personnelles ainsi que passer du temps à l'extérieur. D'autres livres viendront s'ajouter à cette collection, alors suivez-nous sur Amazon pour en savoir plus.

Merci d'avoir acheté ce livre.

Je vous en remercie sincèrement et je vous apprécie, vous, mon excellent client.

Que Dieu vous bénisse.

D.K. Hawkins.

www.ingramcontent.com/pod-product-compliance
Lightning Source LLC
Chambersburg PA
CBHW050004230526
45465CB00003BB/1258